Bertrand Meyer-Stabley

James Dean

Bertrand Meyer-Stabley

James Dean

Aus dem Französischen von
Andrea Wöhr

Mit zahlreichen Fotos

LangenMüller

Bildquellen:
Alle Fotos im Innenteil stammen aus dem Privatarchiv des Autors.

Die französische Originalausgabe erscheint 2005
unter dem Titel »James Dean«.

Besuchen Sie uns im Internet unter:
www.herbig-verlag.de

Umschlaggestaltung: nach einem Entwurf der französischen Ausgabe
Umschlagbild: Privatarchiv des Autors
Herstellung und Satz: VerlagsService Dr. Helmut Neuberger
& Karl Schaumann GmbH, Heimstetten
Gesetzt aus der 12/15 pt New Caledonia
Drucken und Binden: GGP Media GmbH, Pößneck
Printed in Germany
ISBN 3-7844-3016-3

»Er ist ein Wesen, das niemals ganz domestiziert worden ist und das ein uraltes Wissen von einem freieren und einfacheren Leben in sich trägt. Er fühlt sich in der Welt, in der er lebt, nicht besonders wohl und von Zeit zu Zeit versucht er, sich aus ihr zurückzuziehen, aber er kommt immer zurück, weil es keine andere Welt gibt.«

Nicholas Ray

Inhalt

Einleitung

Am Steuer eines Porsche starb auf der Straße nach Salinas in den USA vor einem halben Jahrhundert, am 30. September 1955, ein Mann von 24 Jahren, der in nur wenigen Monaten zum Star aufgestiegen war. James Dean wurde zur Legende. Er hatte Hauptrollen in zwei Theaterstücken und drei Spielfilmen.

James Byron Dean wird im Februar 1931 in der Kleinstadt Marion in Indiana geboren. Seine Mutter stirbt an Krebs, als er erst neun Jahre alt ist. Er wächst bei seiner Tante auf, doch das Landleben ist kaum das Richtige für den Jungen, der sich bald zum Rebellen entwickelt. Sein engelhafter und gleichzeitig trotziger Ausdruck verleiht ihm einen eigenen Charme, für den ihn die Lehrer mögen und seine Altersgenossen verachten. Später als unmännlich abgestempelt, sucht er sich mit betonter Aggressivität und verrückten Eskapaden zu behaupten.

Seine Liebe jedoch gilt dem Theater. Jimmy will kein Farmer werden, sein Berufswunsch ist Schauspieler. Nach den ersten winzigen Leinwandszenen beschließt er, New York zu erobern. Er schreibt sich zum Schauspielunterricht ein, macht mit einer TV-Rolle auf sich aufmerksam und wird in das berühmte Actor's Studio aufgenommen. Der eigenartige Bursche mit den dicken Brillengläsern und dem launenhaften Charakter macht allmählich von sich reden, und Hollywood zeigt Interesse. Der große Elia Kazan lädt ihn zu Probeaufnahmen ein und engagiert ihn für *Jenseits von Eden*. Dean werden homosexuelle Neigungen und eine Unzahl unterschiedlichster Affären nachgesagt. Eine einzige wird ihn prägen: seine leidenschaftliche Liebe zu der italienischen Schauspielerin Pier Angeli, eine Romanze, die die Mutter der jungen Frau bald zu unterbinden sucht. Auf der Leinwand ist Jimmy nun immer mehr gefragt, er dreht in kurzer Folge *... denn sie wissen nicht, was sie tun* und *Giganten*. Die Warner-Studios schließen einen Vertrag über neun Filme mit ihm ab, in zweien davon soll er selbst Regie führen. Aber der Star hat neben dem Film eine zweite Leidenschaft, den Rausch der Geschwindigkeit.

Die Rallye von Salinas steht bevor, Dean will teilnehmen. Er bricht mit seinem Mechaniker in seinem neuen Porsche auf. An der Gabelung der Straßen Nummer 466 und 41 kollidiert er mit einem einbiegenden Ford. Das Gesicht unversehrt, doch den Körper zerfetzt, stirbt er mit gebrochener Wirbelsäule am Unfallort. Ein Mythos ist geboren; seit fünfzig Jahren ist das Idol unvergessen, jedes Jahr wird sein Andenken geehrt. Nicht einmal die späteren pikanten Enthüllungen über sein Privatleben haben das Bild trüben können. Bogart sagte über ihn: »Er starb im richtigen Moment. Er hatte gerade genug Zeit gehabt, um zur Legende zu werden. Hätte er länger gelebt, so hätte er ihr nie gerecht werden können.« Wer weiß?

Kindheit

James Byron Dean wird am 8. Februar 1931 – und nicht am 6., wie häufig zu lesen ist – in der kleinen Industriestadt Marion, achtzig Kilometer nördlich von Indianapolis, geboren. 3,9 Kilo schwer, erblickt er um zwei Uhr morgens das Licht der Welt. In der Geburtsurkunde, die Gemeindesekretär Douglas noch am selben Morgen ausstellt, ist gewissenhaft vermerkt, dass die Geburt im Hause der Deans stattgefunden habe und das Kind »ehelicher Verbindung« entstamme; die Entbindung, durchgeführt von Dr. Victor Cameron, habe fünfzehn Dollar gekostet. Das Ehepaar Dean bewohnt zum damaligen Zeitpunkt eine winzige Wohnung in der Stadtmitte, Ecke MacClure Street und Vierte Straße.

Das Kind erhält die beiden Vornamen James – womit man einem Freund der Familie, James Amick, eine Freude machen will – und Byron, zu Ehren des von der Mutter hoch geschätzten Dichters. Ihre Umgebung wundert sich nicht über diese Wahl. Mildred, deren dunkler, stechender Blick an einen Raubvogel erinnert – man behauptet, in den Adern ihrer Familie fließe indianisches Blut –, ist mit der Liebe zur Dichtkunst aufgewachsen. Vielleicht hofft sie, ihren Erstgeborenen mit künstlerischen Gaben auszustatten, indem sie ihn nach der legendären Dichterpersönlichkeit der englischen Romantik benennt? »Mildred Dean war eine ruhige, sehr empfindsame junge Frau. Ihre Nachbarn bemängelten an ihr manchmal, sie sei distanziert und immer etwas verträumt«, erinnert sich einer, der sie gekannt hat. Ein anderer berichtet: »Sie wusste nie ganz sicher, was sie wollte. Hatte sie sich am Dienstag ein neues Kleid gekauft, so brachte sie es in neunzig Prozent der Fälle am Mittwoch in den Laden zurück!« Alle Beschreibungen stimmen insofern überein, als sie das Bild einer Brünetten von schlankem Wuchs zeichnen, die jedoch zerbrechlich wirkte und übermäßig zart war.

James Vater ist groß, sieht gut aus und wirkt robuster. Winton Dean ist Quäker und arbeitet als Zahntechniker. Seine Zukünftige hat er achtzehn Monate vor Jimmys Geburt in Gas City bei der Thanksgiving-Feier kennen gelernt und gegenüber Mildred Wilson Parker, dem Mädchen aus einer genügsamen methodistischen Farmerfamilie, auf Aufrichtigkeit und Bescheidenheit gesetzt. Da er kein zahnmedizinisches Studium abgelegt hat, hält sich zudem sein Ehrgeiz in Grenzen – bestenfalls kann er es bis zum ersten Assistenten eines angesehenen Zahnarztes bringen.

Am 26. Juli 1930 werden Winton und Mildred von Pastor Doan getraut und beginnen ein einfaches Leben in Marion, wo Winton in einem Hospital arbeitet. Mitten in der Depressionszeit kann er sich glücklich schätzen, zumindest über einen passablen Arbeitsplatz zu verfügen. Seit dem großen Börsenkrach vom Oktober 1929 sind zahlreiche Banken in den Konkurs getrieben worden. Die Arbeitslosigkeit erfasst inzwischen alle sozialen Schichten. Eine solche Krise hat man noch nie zuvor erlebt, und die Stimmung ist bisweilen mehr als düster. Wie bei den meisten jungen Familien ist auch bei Deans die Not ein häufiger Gast im Hause, und als James, bald nur noch Jimmy genannt, die Bühne betritt, wird es für die Eltern noch schwieriger, mit ihren Finanzen zu Rande zu kommen.

Einige Monate nach der Geburt des Kindes zieht die Familie in die Nachbarstadt Fairmont. Vorübergehend wohnen sie bei Verwandten von Winton und richten sich schließlich in einem Häuschen neben einer Quäkerkirche ein. Jimmy ist ein glückliches Kleinkind, das viel Zuneigung erfährt, er ist eher ein Frühentwickler und zeigt dabei sehr bald die typischen Eigenschaften der Deans – Neugier und Dickköpfigkeit. Sein Vater unterstreicht mit einer Erzählung Jimmys Hartnäckigkeit: »Man versuchte zum Beispiel, ihm zu befehlen, er solle das und das tun oder nicht tun – er blieb stocksteif sitzen, sein Gesichtchen dabei ganz verkrampft und verschlossen. Es wurde einem ziemlich schnell klar, dass man so mit ihm nicht weiter kam. Den Hintern versohlen half bei ihm nichts, tadeln auch nicht. Aber man konnte immer mit ihm argumentieren oder an seine besten Gefühle appellieren.«

Als der Junge vier Jahre alt wird, bekommt der Vater eine dauerhafte Anstellung beim Sawtelle-Hospital in Los Angeles angeboten. So bricht die Familie nach Santa Monica auf und bezieht eine Wohnung in der Sechsten Straße, einen Katzensprung vom Justizpalast, und Jimmy wird den öffentlichen Kindergarten und die Grundschule von Westwood besuchen. Seine Eltern sind knapp bei Kasse. Die Überstunden bereits eingerechnet, verdient Winton nicht mehr als hundertfünfzig Dollar im Monat. Mildred kann sich keine Zugehfrau leisten, findet sich aber mit der Hausfrauenrolle gut zurecht. Sie vollbringt wahre Wunder, um die Wohnung ansprechend zu gestalten und Abwechslung ins tägliche Menü zu bringen. So fröhlich und lebendig sie selbst ist, so distanziert und zurückhaltend wirkt ihr Ehemann. »Gegensätze ziehen sich an« – im Falle des Ehepaars Dean bestätigt sich dieser Spruch.

Mildred hält Briefkontakt mit Indiana, wohin sie Fotos ihres Sohnes schickt. Auf einem in der Nähe des Hauses in Santa Monica aufgenommenen Bild sieht man den Fünfjährigen mit einem Strohhut in der Hand, die Augen wegen der Sonne etwas zugekniffen. Er selbst hat seiner Großmutter als Geburtstagsgeschenk ein Foto geschickt, das ihn zusammen mit einem kleinen Mädchen zeigt; die Rückseite trägt die Aufschrift: »Meine Braut«.

Da Mrs. Dean kein weiteres Kind mehr möchte, widmet sie sich ganz ihrem kleinen Jimmy. Am 8. Februar 1938 schreibt sie ihn in die McKinley-Grundschule um, während die Familie ihr einfaches Heim aufgibt, um ebenfalls in Santa Monica unweit des Pacific Highway an der Dreiundzwanzigsten Straße 1422 in einem eleganten Haus im Ranchstil Quartier zu nehmen.

Im Grunde ist es in erster Linie die Mutter, die dem Kind das Lesen und Schreiben beibringt. Sie erweitert seinen Wortschatz durch anspruchsvolle und unterhaltsame Lektüre. Märchen bilden die erste große Leseleidenschaft des Jungen.

Zwischen Mildred und ihrem Sohn findet ein ständiger zärtlicher Austausch statt. Jimmy wird verwöhnt. Er nennt eine elektrische Eisenbahn von Macy's, eine Sammlung japanischer Miniatur-Uhren und ein Puppentheater sein Eigen. Seine Mutter weiß immer wieder seine Neugier und Intelligenz anzusprechen. Sie trägt ihm Gedichte vor und tut ihr Möglichstes, um sein Interesse an den verschiedenen Formen des künstlerischen Ausdrucks zu wecken. Mit dem

Älterwerden gewinnt er ein solches Gefallen am Zeichnen mit Farbstiften, dass Mrs. Dean ihn nur mit Mühe dazu bewegen kann, diese Tätigkeit zu unterbrechen, wenn sie ihn zum Essen holen oder ihn zu einem anderen Spiel animieren will. Jimmy ist ein sehr sanftes Kind. Nach den Worten seiner Großmutter gleicht er »einer Porzellanpuppe mit einer Pfirsichhaut. Er ist fast zu zart für einen Jungen.« Tatsächlich ist er von schwacher Konstitution und hat häufig Nasenbluten.

Seine Mutter legt Wert darauf, dass Jimmy bereits sehr früh mit Geigenstunden beginnt, die bald durch einen Steppkurs ergänzt werden. Diese unterschiedlichen Aktivitäten und seine für sein Alter eher geringe Körpergröße isolieren ihn von den anderen Kindern. So hat er Schwierigkeiten, in der Schule Freunde zu gewinnen. Seine Kameraden hänseln ihn immer wieder mit seinem lächerlichen zweiten Vornamen Byron und witzeln über seinen Musikunterricht. Unweigerlich liefert er sich mit ihnen immer wieder einmal Prügeleien auf dem Pausenhof.

Jimmy ist ein so ausgezeichneter Schüler, dass ihm seine Eltern eines Tages den »Kalender der erfüllten Wünsche« schenken, der aus heraustrennbaren Blättern besteht. An jedem Monatsende – seine Zeugnisse sind hervorragend – reißt der Knirps ein Blatt vom Block, notiert einen »Wunsch« darauf, faltet es zweimal, schiebt es unter sein Kopfkissen und schläft mit dem Arm über der Stirn ein. Mildred schleicht dann auf Zehenspitzen in sein Zimmer, zieht den Wunschzettel aus dem Versteck und überreicht dem Jungen am nächsten Tag das ersehnte Geschenk. Ihre Lust, ihn zu verwöhnen, ist so groß, dass sie schon bald einen Kosmetikerinnenkurs belegt, in der Hoffnung, das Familienbudget in Zukunft aufzustocken, denn Jimmys Wünsche werden mit der Zeit immer größer. Im September 1939 verwendet er die letzte Seite seines Kalenders. Er ist der Meinung, seine Hausaufgaben für die Ferien sehr anständig erledigt zu haben und erbittet das letzte Geschenk: eine neue Geige. Bald sieht er seine Sehnsüchte erfüllt – die Eltern schenken ihm ein kleines Instrument aus rötlich gemasertem Tropenholz.

Für die Familie Dean hat das Leben in Kalifornien seine Annehmlichkeiten, doch Mildred hat manchmal Heimweh nach Indiana. Sie sehnt sich nach ihrer Familie und fühlt sich einsam. Wenn sie Besuch erhält, gibt sie ihrem Kummer Ausdruck. Sie möchte gerne »nach Hause zurück« und beklagt sich: »Alles ist hier so künstlich … Ich wünschte mir, mein Sohn würde von echten und einfachen Dingen umgeben aufwachsen.« Diese seelischen Kümmernisse werden in Wirklichkeit durch ihren gesundheitlichen Zustand ausgelöst, der sich ab dem Winter 1939/40 rapide verschlechtert. Bald verspürt sie heftige Schmerzen im Rücken und in der Brust.

Kurz vor ihrem dreißigsten Geburtstag im Mai 1940 muss sie ins Krankenhaus eingewiesen werden. Für den neunjährigen Jimmy bedeutet dies ein erstes Trauma, auch wenn man ihm noch verheimlicht, dass seine Mutter Brustkrebs hat. Nach einer ersten Operation darf die Kranke nach Hause zurückkehren, aber schon bald hat sie nicht mehr die Kraft aufzustehen. »Sie war oft bettlägerig«, erinnert sich ihre Schwester Ruth Stegmoller, die 1939 aus Indiana umgezogen ist, um bei Mildred zu sein. »Eines Tages bat sie mich, ihre Ringe aus der Kommode zu holen und sie anzuprobieren. Dann sagte sie: Wenn ich sie eines Tages nicht mehr tragen kann, gehören sie dir.« Im Laufe der Wochen verschlechtert sich Mildreds Zustand. Es wird deutlich, dass ihr nur mehr kurze Zeit zum Leben bleibt.

Wintons Mutter kommt nun aus Indiana, um sich um ihren Enkel zu kümmern. Auch sie ahnt, dass ihre Schwiegertochter nicht mehr lange leben wird. In der letzten Phase ihrer Krankheit durchleidet Mildred ein Martyrium. Um den Schmerz leichter zu ertragen, verlangt sie, dass man ihr aus der Bibel vorlese – ihr Sohn tut dies für sie. Ein Freund der Familie erzählt: »›Bitte ruft mir meinen kleinen Jimmy‹, sagte sie. Und der kam herein, setzte sich an ihrem Bett auf einen Stuhl und las ihr eine Bibelstelle vor, um die sie ihn bat oder die er selbst aussuchte. Oft war es der Psalm XXII – diese Bibelverse mochte er besonders. ›Der Herr ist mein Hirte‹, sprach Jimmy mit seiner dünnen Kleinjungenstimme, ›an nichts wird es mir fehlen. Grüne Wiesen macht er mir zum Lager, er führt mich zu friedlichen Wassern. Erquickung spendet er meiner Seele …‹«

Zwei Tage vor Mildreds Tod versucht Winton auf rücksichtsvolle Weise, seinem Sohn die schreckliche und fast unerträgliche Wahrheit nahe zu bringen.

»Deine Mutter wird nicht mehr lange bei uns sein. Sie muss auf eine sehr lange Reise gehen, von der noch niemand je wieder zurückgekommen ist.«

Das Kind sieht seinen Vater mit erschrockenen Augen an, wortlos, wünscht ihm dann eine gute Nacht, dreht sich auf die linke Seite, löscht seine Nachttischlampe und versucht einzuschlafen.

Am Nachmittag des 14. Juli 1940 tut Mrs. Dean ihren letzten Atemzug. »Ich ging Jimmy holen«, erzählt Ruth Stegmoller. »Die Familie erklärte es ihm. Er nahm die Sache äußerlich beherrscht auf – kein hysterischer Ausbruch oder etwas in der Art. Er war aber zutiefst verwirrt. Er war ein sehr intelligenter Junge. Er fing weder zu schreien noch zu weinen an.« In dieser Haltung drückt sich bereits sehr frühzeitig James Deans bestimmende Charaktereigenschaft aus: Er resigniert nicht, noch lehnt er sich auf, vielmehr bleibt er gefasst und still, ja zurückhaltend angesichts des Unabwendbaren.

Doch jene, die ihn sehr gut gekannt haben, wissen, dass der Verlust seiner Mutter für ihn eine Wunde war, die niemals mehr verheilte. Seine Unsicherheit, sein Drang aufzufallen und seine nie endende Suche nach Liebe entspringen diesem Trauma. Es gelingt ihm vielleicht, seine Gefühle in den Wochen, die dem Tod seiner Mutter folgen, in Schach zu halten, dennoch ist er tief erschüttert.

Winton – ratlos, gebrochen und mit den Krankenhauskosten überfordert – akzeptiert die Entscheidung seiner Mutter, den Jungen nach Indiana mitzunehmen. Er spricht lediglich davon, Jimmy vorübergehend aufs Land zu schicken, so lange, bis er selbst sich wieder etwas gefangen habe. Doch achtzehn Monate später wird die Mobilmachung angeordnet und seine ganzen Pläne fallen in sich zusammen wie ein Kartenhaus.

Diese traurige Geschichte endet damit, dass Jimmy im Zug nach Fairmont in seinem Abteil voller Unruhe auf und ab läuft, während im Nachbarwaggon der Sarg seiner Mutter mitgeführt wird. Im Gepäcknetz liegt seine Geige. Am 16. Juli kniet der Junge im Grant Memorial Park der Stadt Marion inmitten der aufgeworfenen Erde nieder und legt das wundervolle Geschenk seiner Mama auf den Sarg. Das Grab wird die Inschrift tragen: »Mildred Marie Dean, 15. September 1910 – 14. Juli 1940«. Unter diesen Zeilen hat

Winton ein einziges Wort eingravieren lassen: »Ehegattin«. Mildred hätte sicher gewünscht, dass »und Mutter« hinzugefügt würde.

Niemand erinnert sich, dass Jimmy bei der Beerdigung stark geweint hätte. »Er hat seine Trauer für sich behalten«, wird später ein Cousin sagen. »Die einzige Person, mit der er darüber hätte sprechen können, war tot.« Der Zeremonie folgt ein kurzer Familienrat, an dem das Kind nicht teilnimmt. Es wird schließlich entschieden, dass Wintons Schwester Hortense und deren Ehemann Marcus Winslow den Jungen bei sich in Indiana aufnehmen werden. Durch den Tod der Mutter ohnehin fast verloren, sieht sich Jimmy nun auch noch von seinem Vater im Stich gelassen. Innerhalb weniger Tage ist seine kindliche Welt aus dem Gleichgewicht geraten und in sich zusammengebrochen.

Frühe Jugend

Der plötzliche Verlust der Zuwendung durch seine Mutter verändert das Leben des jungen Jimmy praktisch von heute auf morgen und prägt seine weitere Entwicklung. So erklärt sich sein verschlossener, eigenwilliger Charakter, dieser Schutzwall, den zu durchbrechen niemandem gelingen wird. Als Halbwüchsiger gleicht James Dean im Leben ein wenig der Figur, die er in *Jenseits von Eden* spielt, dem sich auflehnenden, unverstandenen Caleb, der vor Zärtlichkeit überfließt, von seinem Vater aber abgelehnt wird.

Jimmy muss also in Indiana leben. Er wird lernen, seine Tante Hortense »Mom« zu nennen. Das will nicht heißen, dass er Mildred vergisst, und er entwickelt nach seinem Umzug auf die Farm der Winslows in Fairmont von Anfang an zwei Gesichter: Er ist der Clown und Spaßvogel der Familie, zeigt sich aktiv und hilft gern bei der Arbeit mit dem Kleinvieh, er geht im Herbst auf die Jagd und im Sommer zum Angeln, doch gibt es Momente, wo er dazu neigt zu schmollen, sich abzukapseln und vor sich hin zu schweigen. Wer ihn inmitten seiner Altersgenossen herumtoben sieht, mag glauben, dass er ihnen gleicht – wie andere Jugendliche schwimmt er in der Bucht oder fährt mit seinem Motorroller über Land. Zu Hause fügt er sich und nimmt an den Pflichten teil: Er räumt den Tisch ab und leert den Mülleimer, er melkt auch die Kühe, sammelt die Eier auf und füttert das Vieh.

Dennoch trägt das künftige Idol Amerikas auch schon in dieser ländlichen Umgebung die Widersprüche in sich, die sein Image prägen werden. James Dean ist anders als die anderen. Seine Großmutter väterlicherseits – Emma – erzählt: »Er verhielt sich anders als die anderen Kinder. Wenn Opa Dean die Beine übereinander schlug, tat Jimmy es ihm nach; wenn sein Opa die Beine ausstreckte, streckte er sie ebenfalls aus. Er machte sich damit aber nicht über die Körperbewegungen seines Großvaters lustig; Jimmy schien bereits damals fähig zu sein, vollständig in die Haut eines anderen zu schlüpfen.« Leonard Rosenman, ein späterer Freund James Deans, formuliert es genauer: »Er war nur dann wirklich er selbst, wenn es ihm gelang, mit jemandem zu verschmelzen. War dies nicht der Fall, so war er völlig ratlos. Wenn es aber gelang – und ich spreche nicht nur von seinen Beziehungen zu Frauen, ein Mann, Kind oder Tier konnte ihn ebenso in seinen Bann ziehen –, so behielt er seine Rolle perfekt bei und war glücklich.«

Jimmy wird in der Schule immer als der »Neue« gelten, als der Junge, der ins ferne Kalifornien weggezogen ist, wo seine Mutter gestorben ist, der jetzt zurück zu seinem Onkel und seiner Tante gekommen ist und den seine Vorlieben – Theater, Tanz und Musik – von den anderen absondern. Er bleibt ein scheues und innerlich verletztes Kind, ein fremdes Wesen in diesem Indiana, wo sich ein Meer von Weizenfeldern südlich der großen Seen erstreckt und wo die bedrückenden Einflüsse des Ku-Klux-Clan noch zu spüren sind und seine Gewaltbereitschaft sich erhalten hat.

Inmitten des zweiundsiebzig Hektar großen Landguts der

Winslows steht auf einer Anhöhe das Farmhaus: 1904 erbaut, ein schönes, helles Gebäude mit dreizehn Räumen. Das Ehepaar züchtet Hühner, Schweine und Schafe und baut Hafer, Mais und Weizen an. »Wir sind nicht reich«, pflegt Emma Dean zu sagen, »aber wir sind auch nicht arm. Und solange ich lebe, werde ich immer eine Veranda haben, wo ich mich hinsetzen kann, einen Schaukelstuhl, in dem ich schaukeln kann, und eine Uhr, die mir die Stunden schlägt.«

Dies ist das Amerika der Kleinstädte, wo alle Lehrer einen beim Vornamen kennen und der Bus, der die Kinderschar am Schultor abholt, so aussieht, als seien die naiven Malereien Norman Rockwells zum Leben erwacht. Tante Hortense ist Mitglied in der Temperenzler-Vereinigung der christlichen Frauen und spielt bei deren sonntäglichen Versammlungen das Piano – sie singen das Lob des Herrn und halten dabei ihr Teekränzchen. Marcus Winslow ist ehemaliger Regionalmeister im Stabhochspringen. Er ist Absolvent des Quäker-Colleges von Ealham und ein Protestant strenger Observanz. Das Paar hat eine vierzehnjährige Tochter, Joan, deren geistiges Leben sich in der Lektüre der Bibel und der Romane von Elizabeth Goudge oder von Cronin erschöpft. Anknüpfungspunkte zwischen ihr und ihrem Cousin sind eher spärlich gesät.

Die Eingewöhnung in der neuen Umgebung fällt Jimmy in den ersten Monaten schwer, und es kommt vor, dass das Kind nachts in seine Kissen weint. Nach und nach gewinnt jedoch das ihm eigene ungestüme Temperament wieder die Oberhand. Er lenkt den Traktor, füttert die Hühner, schwimmt im Sommer im Teich, fischt Karpfen und begleitet seinen Onkel und seine Tante zu Picknicks. Fünfzehn Jahre später wird er in einem Interview mit Hedda Hopper äußern: »Diese Farm – das war eine echte Farm. Auf dem Feld arbeitete ich wie ein Verrückter, solange mir jemand zuschaute. Wenn ich von einem kleinen Hügel aus über unsere Dutzende Hektar von Weizenfeldern blickte, wurde mir ganz schwindlig.«

In der Grundschule von West Ward fällt es ihm zunächst nicht leicht, Freunde zu gewinnen. Schon früh braucht er wegen seiner Kurzsichtigkeit eine dicke Brille, und wenn er sie abnimmt, hänseln ihn die Schüler, dass er aussehe wie ein von der Sonne geblendeter Uhu. Der Junge ist nicht gerade vorbildhaft für braves Verhalten, und man wird sich später an ihn als ein unberechenbares Kind erinnern, bei dem man nie wusste, was er gerade wieder plante. »Er kletterte ständig auf irgendwelche Bäume oder auf Hecken, obwohl man es ihm verbot«, hat seine Klassenkameradin Helen Walters noch im Gedächtnis. »Er war unschlagbar darin, sich in unmögliche Situationen hineinzumanövrieren. Eines Tages hatte er eine Art Aufzug zusammengebastelt, der ihn aufs Hausdach bringen sollte, und er hätte sich beinahe den Hals gebrochen, als sich das Seil löste. Ich glaube, das war esine Art und Weise, Aufmerksamkeit zu bekommen. Aber wir mochten ihn trotzdem ganz gern, vor allem die Mädchen.«

Typisch für ihn scheint auch eine übergroße Sensibilität. In der Schule bricht er eines Tages, Ellbogen auf dem Pult und den Kopf in die Hände vergraben, in Schluchzen aus.

»Was ist denn los?«, erkundigt sich der Lehrer.

»Mama fehlt mir, Herr Lehrer.«

Lange Zeit hat er immer wieder denselben Albtraum, den später sein Freund John Hyams, ein Journalist und bekannter Biograf, folgendermaßen wiedergeben wird: »Er träumte oft von seiner Mutter. Er war noch ganz klein und sie rief ihn. Sie befanden sich beide in einer Wüste und er versuchte zu ihr hinzulaufen. Nur, wie er da lief, versanken seine Füße immer tiefer im Sand – es war Treibsand. Sie sagte ihm irgendetwas Wichtiges, das er unbedingt beherzigen sollte, aber er war viel zu weit entfernt, um ihre Worte zu verstehen, und es gelang ihm niemals, sich ihr genügend zu nähern, um sie deutlich zu hören. Er wachte mit dem Gefühl auf, aus sehr großer Höhe zu fallen und in einem grauenvollen Abgrund zu versinken, und er wollte aus Angst, der Traum käme zurück, nicht wieder einschlafen.«

Jimmy ist wie in einer Vergangenheit gefangen, die er mit niemandem teilen kann, und er scheint sich nur dann wirklich wohl zu fühlen, wenn er sich in seine eigene Welt zurückziehen kann, was ihn nicht daran hindert, mit einigen Dummheiten aufzufallen. Er verliert vier Zähne auf einmal, als er es Trapezkünstlern nachtun will und sich bei Winslows an einem Seil durch die Lüfte schwingt und mit dem Kopf voran landet. Vielleicht träumt er von einem Leben, in dem er aus dem Alltagstrott ausbrechen kann. Fairmont ist das Musterbild einer braven Kleinstadt: Es gibt eine Hauptstraße, vier Kirchen (drei für die Quäker, eine für die Baptisten) und ein paar kleine Fabriken. Rundherum Viehweiden, so weit das Auge blickt. Dorffeste, Wohltätigkeitsbasare, Landwirtschaftsmessen und American-Football- oder Baseball-Begegnungen bilden die einzige Abwechslung.

Jeden Morgen verlässt Jimmy die Farm und wartet brav auf den Schulbus nach West Ward. Unterricht und Sportstunden wechseln sich während des Tages ab, dann kehrt er zurück, um Hausaufgaben zu machen; gegen sechs Uhr wird zu Abend gegessen, die frühen Abendstunden verbringt er mit Radiohören oder Lesen. Am Sonntag geht die Familie in

Back Creek zur Kirche, und nach dem Gottesdienst laden sich Freunde und Nachbarn abwechselnd zum Mittagessen ein.

Bald wird das Aussehen des Heranwachsenden zum Gesprächsthema. Ein Nachbar findet, dass er »zu hübsch für einen Jungen« sei, aber Tante Hortense ignoriert diese Reden einfach. Sollte sie nicht verstanden haben, was dieser Freund meint, wenn er über ihren Neffen urteilt, dass »so ein Blondschopf kein echter Junge sein könne«, so wird es klarer, als Jimmy älter wird: Sein Äußeres lässt ihn insgesamt unmännlich wirken. Blondes Haar, schöne Gesichtszüge, zarter Körperbau – all dies trägt dazu bei, seinem Aussehen eine Sanftheit zu verleihen, wie sie für einen Sohn der konservativen amerikanischen Provinz eher ungewöhnlich ist.

In dieser kleinen Welt fleißiger und ausdauernder Bauern erscheinen seine Liebhabereien als verstiegen. Er schwärmt für Malerei, Grafik und Bildhauerei und scheint von Radiosendungen fasziniert zu sein. Er verfügt unbestreitbar über Talent als Schauspieler und Pantomime. In der Schule bestürmen ihn seine Kameraden, die Lehrer nachzuahmen. Bei Familienfesten gibt er seine übliche Zurückhaltung auf, um die Gesellschaft zum Lachen zu bringen. Winslows bestärken ihn darin, sie glauben, dass er diese Gabe von seinem Urgroßvater, einem Auktionator, geerbt hat.

Unverkennbar zieht es ihn zum Theater. In der Kirche von Back Creek studieren verschiedene Gruppen Laientheaterstücke ein. Jimmy ist fast noch ein Kind, als er bereits in biblischen Stücken seine erste Bühnenerfahrung sammelt. In einem davon mimt er einen blinden Jungen. »Meine Schwiegermutter sprach oft davon, wie James Dean in der Kirche auftrat«, erzählt eine Einwohnerin von Fairmont. »Sie erinnerte sich an ihn, als sei es gestern gewesen. Es war ein Weihnachtsstück und er hatte die Rolle eines blinden kleinen Jungen, der sein Augenlicht wiedergewinnen sollte. Am Ende erschien ein Stern und man wusste, dass er geheilt war, als er die Augen hob und sagte: ›Mutter, schaut doch, ich kann den Stern sehen!‹«

Die Stunde der Helden schlägt. Jimmy besucht die letzte Grundschulklasse, als die USA nach dem Angriff Japans auf Pearl Harbour im Dezember 1941 in den Zweiten Weltkrieg eintreten. Aufmerksam verfolgt er die Nachrichten im Radio mit. Sein Vater wird zum Lazarettdienst eingezogen. Er wird zweimal pro Jahr zu Besuch kommen und seinen Sohn »ungesellig« finden.

Während der Kriegsjahre begeistert sich der Junge für alles, was mit Mechanik zu tun hat – sofern man sich auf den Bericht Ralph Rileys verlässt, des Besitzers einer Autowerkstatt in Fairmont. James Dean hält sich stundenlang in der Werkstatt auf und manchmal kommentiert er zum Spaß imaginäre Autorennen. »Er teilte uns mit, welcher Wagen in Führung lag«, schildert Riley die Szene. »Er gab uns das Fabrikat und alle Details an. Er vergaß auch nicht zu sagen, wie das Wetter war, wer aus dem Rennen gefallen war, wer in der ersten Runde einen Unfall gehabt hatte und welcher Motor in Flammen stand und zu explodieren drohte. Man traute seinen Ohren einfach nicht. Alles wirkte so wahrheitsgetreu! Man musste wirklich zweimal hinsehen, um sicher zu sein, dass es da gar kein Rennen gab. Das Rennen fand nur in seinem Kopf statt.«

Marin Carter, ein Mechaniker in Fairmont, von dem Jimmy den Spitznamen »One-Speed-Dean« erhielt, erinnert sich: »Jimmy war wirklich ein ganz toller Kerl, aber niemand verstand ihn so richtig, denn die Leute hielten ihn für eingebildet. Auch wenn er heute hier 'reinkäme, also wenn er noch am Leben wäre – dann käme er ganz einfach 'rein, vielleicht würde er nicht mal lächeln oder ›Guten Tag‹ sagen. Er ginge wahrscheinlich schnurstracks auf die Werkbank zu, nähme sich ein Werkzeug, würde an seinem Motorrad herumschrauben, das Werkzeug auf die Werkbank zurücklegen, weder ›Auf Wiedersehen‹ noch ›Danke‹ sagen und wieder gehen. Vielleicht würde ihm an der Tür etwas einfallen, irgendwas Witziges, er würde es zum Besten geben und selber darüber am lautesten lachen. Ja, zu der Art Burschen gehörte er. Man musste ihn kennen, dann störte man sich nicht an seiner Art.«

Obwohl Jimmy nur einen Meter zweiundsiebzig groß ist, schreibt er sich in seinem ersten Jahr an der High School von Fairmont in die Basketballmannschaft ein. Er ist zwar der kleinste Spieler, macht aber die meisten Punkte. Außerdem ist er bei den Stabhochspringern, und bei seinem Eifer gehen mehrere Brillen zu Bruch. Bei allem, was er macht, ist er extrem. Er ist wild, heißt es jetzt öfters: ungezügelt, verrückt, ein Spinner. Der Mannschaftstrainer Paul Weaver hat einige Probleme mit ihm: »Es war schwer, ihn an Disziplin zu gewöhnen. Ich musste ihn vorsichtig anfassen, vor allem, wenn es um seinen Spielstil ging, der manchmal zu individuell war. Er ertrug es nicht, wenn man ihn vor den Augen der Kameraden auf seine Fehler hinwies.«

Schon bald erzielt er ausgezeichnete Leistungen im Stabhochsprung. Sein Trainer sagt später über ihn: »Wie viele andere Leute habe ich ihn als einen Jugendlichen in Erinnerung, der keine Zeit darauf verschwendete, anderen die Gefühle zu zeigen, die er für sie empfand. Ich kann mich nicht erinnern, dass er versucht hätte, sich Freunde zu machen.«

Er hat das Aussehen eines trotzigen Engels, der sich aber allem widersetzt und von den Lehrern trotzdem den anderen Jungen vorgezogen wird, während diese seine Männlichkeit in Frage stellen. So glaubt Jimmy, sich zum Ausgleich betont gewalttätig und aggressiv zeigen zu müssen. Einmal wird er sogar von der Schule verwiesen, nachdem er sich eine Schlägerei mit einem Jungen namens Dave Fox geliefert hat, der zu lachen gewagt hatte, während Jimmy im Unterricht vorlas. »Jimmy empfand sich in Fairmont als Außenseiter«, erklärt sein Freund Joe Hyams, »und für die Leute war er tatsächlich ein Wesen von einem anderen Stern, sie betrachteten ihn als einen Fall für sich.«

Als der Krieg mit Japan im August 1945 zu Ende geht, ist Jimmy vierzehn Jahre alt. In diesem Jahr verändern zwei Geschehnisse sein Leben von Grund auf. Fünf Jahre nach dem Tod der Mutter heiratet sein Vater wieder. Mildreds Sohn wird ihm das niemals zum Vorwurf machen, hingegen wird er sich immer weigern, seiner Stiefmutter Ethel Case gegenüber Gefühle zu zeigen. Dies geschieht nicht aus Trotz, es ist nur seine Art, der verstorbenen Mutter, die ihm niemand ersetzen kann und keiner ersetzen soll, die Treue zu halten. Außerdem bringt seine Tante Hortense ein Baby, Marcus jr., zur Welt. Jimmy, der seinen kleinen Cousin »Markie« nennt, steht von nun an nicht mehr im Mittelpunkt der Familie. Man spürt den Unfrieden im Haus der Winslows.

Derjenige Erwachsene, der außerhalb der Familie in Jimmys letzten Schuljahren den meisten Einfluss auf den Jungen hat, ist James DeWeerd, ein gut aussehender Mann Anfang vierzig mit starkem Charisma. Er ist der Pastor der

Methodistenkirche von Fairmont. Seine feinen Umgangsformen passen nicht ins ländliche Indiana. Dieser merkwürdige Zeitgenosse hat sich im Zweiten Weltkrieg hervorgetan, ist weit gereist und behauptet, mit den Großen dieser Welt, darunter Winston Churchill, nahen Umgang gepflegt zu haben. Mit seiner Kultiviertheit und Exzentrizität fasziniert er Jimmy, wenn er ihm sein Wissen über Kunst und klassische Musik vermittelt. Er spricht in Jimmy viele Bereiche an, die ihn interessieren: Yoga als Weg zur Selbstbeherrschung oder den Stierkampf mit der Konfrontation des Todes, die Loslösung der Seele vom Körper oder die Absage an den Konformismus sind Themen, die in ihren Gesprächen auftauchen.

Der Pastor mit seinen Reden findet in dem scheuen jungen Mann aus dem Mittleren Westen einen mehr als aufmerksamen Zuhörer. Es ist das klassische Muster, das Meister-Schüler-Verhältnis der Lehrjahre. James DeWeerd beschreibt übrigens später eine typische Szene: »Jimmy war niemals glücklicher, als wenn er in meiner Bibliothek ausgestreckt auf dem Boden lag und Shakespeare oder ein anderes Werk seiner Wahl las. Er mochte es sehr, wenn im Hintergrund gute Musik spielte, vor allem Tschaikowsky.« Die idyllischen Szenen verschleiern einen anderen Sachverhalt. Jack Raup, einer der Mitschüler James Deans, erklärt: »Es gab eine dunkle Verbindung zwischen James Weerd und der Homosexualität. Ich habe den Eindruck, dass der Pastor homosexuell war. Er war ein Provinzler mit einer intellektuellen Seite. Ich weiß, dass er immer von Jungen umgeben war, und ich habe den merkwürdigen Eindruck, dass er sexuelle Beziehungen mit ihnen hatte. Es ist gut möglich, dass er auch mit James Dean intim war.«

Manche Zeugen stellen tatsächlich die Hypothese auf, dass es DeWeerd gewesen sein könnte, mit dem Jimmy seine erste Liebesbeziehung gehabt hat. Dafür spräche, dass der Jugendliche trotz seines Charmes in Fairmont nicht viel Umgang mit Mädchen hat, und wenn dies vorkommt, so geht die Beziehung nicht besonders tief. Er hat kein Mädchen, mit dem er offiziell geht. Wenn er mit einem Mädchen ausgeht, handelt es sich in der großen Mehrheit der Fälle um schulische Verpflichtungen, Anlässe, bei denen es üblich ist, von einem jungen Mädchen begleitet zu werden.

James DeWeerd, der erst mit siebenundvierzig Jahren heiraten wird, gibt später gegenüber Joe Hyams zu, dass er »mit dem jungen James Dean in den Jahren, als dieser ins College ging, eine feste Beziehung gehabt« habe. Dieses Verhältnis scheint also tatsächlich den Beginn von Jimmys Liebesleben dargestellt zu haben; bei der Art der Beziehung und dem Partner versteht sich, dass er darüber Stillschweigen bewahren musste. »Weder er noch ich haben jemals etwas über unser Verhältnis verlauten lassen«, vertraut DeWeerd Joe Hyams an. »Es hätte sowohl ihm als auch mir nur geschadet.«

Der Pastor ist ein echter Mentor für den jungen Jimmy, der sich lieber ihm als jeder anderen Person anvertraut. Er erzählt ihm von seiner Mutter und äußert, sich an ihrem Tod schuldig zu fühlen. DeWeerd versucht ihn nach besten Kräften zu beruhigen.

»Wir sind alle einsam und suchen nach Antworten auf unsere intimsten Fragen«, meint er später, »aber er war ein so sensibler Junge, dass für ihn diese Einsamkeit und diese Suche besonders schwierig zu ertragen waren.«

Bald fängt Jimmy an, den federnden Gang des Mannes nachzuahmen, der sein »Guru« geworden ist; er lernt, die

Schultern einzuziehen, um sich vor der Welt zu schützen, und sich schwankend oder wiegend wie ein Betrunkener oder wie eine Tänzerin – oder beides zugleich – fortzubewegen. Er entwickelt sein unerhörtes Beobachtungstalent – der zukünftige Schauspieler reift in ihm bereits heran. Nach und nach erweitert sich sein Horizont. James DeWeerd besitzt eine 16-mm-Kamera, und da er ein großer Liebhaber starker Eindrücke ist, besucht er Stierkämpfe in Santa Fé oder Mexiko City und bringt davon Filme mit, die er seinem Schüler zeigt. Er lehrt ihn nicht so sehr die Kultur als das Leben. So bringt er ihm auch bei, mit seinem Mercury-Kabriolett zu fahren. Beim Großen Preis von Indianapolis stellt er ihn sogar Cannonball Baker vor, einem herausragenden Rennfahrer, der dafür bekannt ist, tollkühne Risiken einzugehen. Mit einem Wort, er erweckt in ihm die Freude am Leben.

In dieser Phase, in der jede erste Erfahrung zählt und sich auf immer einprägt, entdeckt James Dean den Rausch der Geschwindigkeit. Er jagt mit einem tschechischen Motorrad über die einsamen schmalen Überlandstraßen Indianas und setzt sich dabei systematisch über die vorgeschriebenen Geschwindigkeitsbeschränkungen hinweg. »Wäre er doch nur einmal in den Graben gefahren«, wird später sein Onkel sagen, »dann hätte er vielleicht gemerkt, was Gefahr ist, und hätte bremsen gelernt. Aber nichts in der Art ist ihm passiert und er hat niemals die Erfahrung gemacht, dass man sich verletzen kann, wenn man rast.«

Durch den Geistlichen bekommt der Junge, dem echte Eltern fehlen und der verzweifelt nach Zuneigung und innerem Gleichgewicht sucht, vieles vermittelt und er hat jemanden, der ihm aufmerksam und liebevoll zuhört. James De

Weerd stirbt 1972, ohne genauere Einzelheiten über seine intime Beziehung mit dem Jugendlichen mitgeteilt zu haben. Bekannt ist indessen, dass der zukünftige Schauspieler am 8. Februar 1949 bei der örtlichen Musterungsstelle angibt, »schwul« zu sein.

»Gibt es einen speziellen Grund, der Sie hindern könnte, Ihren Militärdienst zu leisten?«, befragt ihn der Beamte.

Der junge Mann nützt nicht seine schlechten Augen als Vorwand, sondern führt, wahrscheinlich auf Anraten des Reverends, einen anderen Grund ins Feld:

»Sie können mich nicht einberufen«, bringt er vor, »ich bin homosexuell.«

In einer Kleinstadt wie Fairmont war es vorherzusehen, dass der Militärbeamte von einer solchen Eröffnung regelrecht schockiert sein würde.

Wir besitzen ein schriftliches Zeugnis, das uns etwas von den Gedanken, die sich Jimmy als Jugendlicher macht, ahnen lässt. Es handelt sich um eine Selbstbeschreibung, die er 1947 im Gymnasium verfasst hat: »Ich heiße James Byron Dean und bin am 8. Februar 1931 in Marion (Indiana) geboren. Meine Eltern Winton und Mildred Dean, geborene Wilson, wohnten mit mir in Indiana, bis ich sechs Jahre alt war … Die Bühne ist seit eh und je meine Leidenschaft gewesen. Ich habe Geige spielen gelernt, bin bei Konzerten aufgetreten und habe Stepptanz im Theater getanzt. Vor allem aber liebe ich es zu gestalten, ich baue und forme gerne Dinge mit meinen eigenen Händen. Ich bin nach Indiana zurückgekommen, um bei meinem Onkel zu leben. Im Geigenspielen und im Tanz habe ich die Übung verloren, nicht aber in der Kunst. Ich denke, dass Kunst und Theater den Inhalt meines Lebens bilden werden, und es gibt so viele Bereiche der künstlerischen Darstellung, dass es schon schwierig wäre, da nichts für mich zu finden. Und selbst wenn, dann gibt es noch so viele andere Möglichkeiten: Farmarbeit, Sport, Wissenschaft, Geologie, Musik. Ich habe Vertrauen in mich und weiß, dass ich, wenn ich an mir arbeite, so gut werden kann, dass keiner an mich herankommt. Ein Junge muss Selbstvertrauen haben ... Mein Zeitvertreib – das, womit ich mich in meiner Freizeit gerne beschäftige – sind Motorräder. Ich kenne mich in der Mechanik dieser Maschinen aus und liebe das Motorradfahren. Ich habe bei einigen Rennen mitgemacht und das lief ganz gut. Ich besitze selbst ein kleines Motorrad. Außerdem treibe ich Leichtathletik, den Lieblingssport eines jeden Amerikaners. So wie man im Spiel auf das Tor zielt, so muss es für jeden von uns im Leben ein Ziel geben, das er in dieser Welt von Verrückten erreichen will. Ich hoffe es zu wissen, wo mein Ziel liegt; auf jeden Fall suche ich es.«

Eine weitere einflussreiche Persönlichkeit ist für ihn in den letzten Schuljahren Adeline Nall, die in Fairmont Theater und Englisch unterrichtet. Auch sie hat das außergewöhnliche Talent erkannt, das in dem Jugendlichen schlummert. Sie ermutigt ihn, an Rezitationswettbewerben teilzunehmen, und begleitet ihn sogar nach Colorado, wo er mit einem Text von Dickens antritt.

Er entscheidet sich für eine Darstellung in nachlässigem Aufzug und mit zerzaustem Haar, ein krasser Gegensatz zu seinen Mitbewerbern, adretten jungen Leuten, die sich an das anpassen, was die Jury von ihnen erwartet. Sein Auftritt erregt Anstoß, auf einen Preis braucht er nicht zu hoffen, aber er hat Bühnenluft gewittert, hat jeden Augenblick dieser Konfrontation mit einem kritischen Publikum ausgekostet. Die Schauspielerei hat ihn bereits gepackt, er spürt den unbändigen Willen, sich auszudrücken, indem er zu jemand anderem wird.

»Das Verhältnis zwischen Jimmy und mir war ziemlich ungewöhnlich«, gibt seine Lehrerin später zu. »Als er mein Schüler war, stritten wir uns ständig. Manchmal war er dann einige Tage lang beleidigt, aber das dauerte nicht an. Einmal hat er mir vor der ganzen Klasse eine Zigarette angeboten, mitten im Unterricht, nur so aus Spaß … Ich hätte ihn am liebsten zum Fenster hinausgeworfen. Das war seine Art; er wollte gegen die etablierten Verhaltensregeln angehen. Ein richtiger Einzelkämpfer.«

Seine Mitspieler im Laientheaterclub halten ihn für hochbegabt und vor allem für einen Jungen, dessen Temperament vom Üblichen abweicht. »Was auch immer meine schauspielerischen Talente sein mögen«, wird James Dean später behaupten, »hier ist der Ort, wo sie sich herauskristallisiert haben.« Ein guter Grundstock an Talent ist bei ihm von Natur aus vorhanden. Außerdem vermittelt ihm das eifrige Radiohören das Gefühl für Sprache und das Bewusstsein für die Kraft, die ein schöner dramatischer Text haben kann, wenn er von der richtigen Person vorgetragen wird. Mit Unterstützung Adeline Nalls, die im Aussehen Anaïs Nin nacheiferte, lernt er, wie man an einem Text arbeitet. »Manchmal wechselte seine Stimmung abrupt und war unvorhersehbar, er konnte die Leute völlig überraschen«, erinnert sie sich. »Er konnte auch ausfallend sein, einfach um Aufmerksamkeit zu wecken. Ich war oft nahe daran, ihn vor die Tür zu setzen. Und wenn er einmal nicht der Beste war – du meine Güte! Er konnte eingeschnappt sein oder wie ein Besessener herumschreien. Aber er hatte ein natürliches

Talent und das entging mir nicht. Dieser Junge hatte Begabung und das wussten wir beide.«

Im zweiten Jahr dieses Schauspielunterrichts wirkt er an zwei Schulaufführungen mit. Er spielt die Rolle des Herbert White in *Die Affenpfote* von W. W. Jacobs und John Mugford in *Mooncalf Mugford* von Pam Welch. Adeline Nall verbessert seine Diktion und macht aus ihm einen im Theaterzirkel der Stadt anerkannten Schauspieler. Es scheint ihm außerdem sehr zu gefallen, sich am Applaus zu berauschen.

Der 16. Mai 1949 ist für Jimmy ein großer Tag: Er erhält sein Abschlusszeugnis. Er zählt zu den besten Schülern und man bittet ihn, am Ende der Zeremonie ein Gebet zu sprechen. Außerdem erhält er eine Medaille als bester Leichtathlet der Schule und eine besondere Auszeichnung für seine künstlerischen Aktivitäten. Am 21. Juni 1949 gewinnt er mit einem Textausschnitt von Dickens den Schauspiel-Amateurwettbewerb des Staates Indiana. Zuvor hat DeWeerd seinen Schüler monatelang proben lassen – vor ihm selbst, später vor einem Spiegel, dann vor einem leeren Saal –, und nun verblüfft der junge Mann alle mit seinem sicheren Spiel.

Gleich nach seiner Rückkehr schreibt er sich im kalifornischen Santa Monica am City College ein. Er scheint in seinen Absichten noch nicht ganz entschlossen zu sein und dies nicht ohne Grund, denn er wird dort mit einem Menschen auskommen müssen, seiner Stiefmutter Ethel Dean. »Am meisten hat mir wehgetan, Mamas Zimmer von einer anderen bewohnt zu sehen«, wird er Nick Adams, einem späteren Leinwandpartner, anvertrauen.

Während der Ferien verausgabt sich Jimmy bei der Feldarbeit. Dann kommt der Moment der Abreise nach Kalifornien. Er verstaut seine Preise und Zeugnisse in einem kleinen braunen Koffer, einem Geschenk seiner Tante. Er verbringt einen ganzen Vormittag damit, seinen Freunden Lebwohl zu sagen, und macht eine letzte Spritztour auf seinem Motorrad, das bei Winslows bleibt.

Seine Ankunft in Santa Monica bedeutet das Wiedersehen mit einem Vater, zu dem er keine innere Verbindung mehr hat. Zwischen ihnen stehen neun Jahre der Trennung, in denen der Junge von seiner Mutter geträumt hat. In dieser Zeit hat er sich eine Vorstellung davon gemacht, wie er es ihr und allen beweisen werde. Er wollte – wie er später einem seiner wenigen echten Freunde, Bill Bast, eingesteht – »seiner Mutter zeigen, dass er es ganz alleine, ohne sie, schaffte«. Was schaffte? Die Welt als eine Bühne zu sehen, in deren Mitte er, James Dean, im Scheinwerferlicht steht.

Ausbildung

In Santa Monica wohnt Jimmy mit Winton und Ethel Case Dean zusammen. Wie sein Freund Jonathan Gilmore mitteilt, »war ihm innerhalb von fünf Minuten klar, dass diese Wahl ein großer Irrtum gewesen war«. Er muss die Reden der neuen Mrs. Dean über sich ergehen lassen, die es für einen Wahnsinn hält, eine Schauspielerkarriere ins Auge zu fassen. Um ihn umzustimmen, schenkt ihm sein Vater einen Chevrolet, Baujahr 1939. Winton ist für seinen Sohn ein Rätsel, das dieser vergebens zu lösen sucht. Bill Bast erinnert sich an diese Zeit: »Sein Vater war ein sanfter und zurückhaltender Mensch. Jimmy hatte seine dynamische Art ganz eindeutig nicht von ihm geerbt. Sie gingen ›nett‹ miteinander um. Es hat niemals einen wirklich harten Konflikt gegeben. Ich weiß aber, dass James Dean darunter litt, Winton immer so zurückhaltend und distanziert zu sehen. Er erwartete etwas anderes von ihm. Ratschläge. Seine Anerkennung.«

Glücklicherweise entdeckt der junge Mann ein ideales Mittel, dem Familienleben zu entgehen, indem er sich der Santa Monica Theater Guild anschließt, einer Truppe, in der er nach und nach seinen Weg machen wird. Eine andere Möglichkeit, von zu Hause wegzukommen, sind die Treffen mit seiner Cousine Marjorie Armstrong, die in Los Angeles lebt. Sie fährt gerne zum Camping an den Arrowhead-See und lädt ihren Cousin manchmal zum Wasserskifahren ein. Sie sagt über ihn: »Jimmy war ein Einzelgänger, er trug immer dieselben Blue Jeans und sprach wenig. Es war schwierig, mit ihm eine lange Unterhaltung zu führen.«

Eine Gelegenheit, bei der er stärker aus sich herausgeht, sind die Proben der Santa Monica Theater Guild. Bald wirkt er bei einer ihrer Produktionen mit, *The Romance of Scarlet Gulch*, einem Melodrama, in dem er die Rolle des Alkoholikers Charlie Smooch spielt. Unter dem Pseudonym Baron James tut er so seine ersten Schritte auf einer kalifornischen Bühne. Außerdem malt er das Bühnenbild. Er lernt Geduld bei dieser Truppe, die er so charakterisiert: »Die reinste Hundemeute, anmaßend und narzisstisch, sie haben nichts anderes zu tun, als einander an die Kehle zu fahren. Wenn aber jemand von außerhalb sie zu kritisieren versucht, halten sie auf einmal alle zusammen, um ihn mit gefletschten Zähnen zu bedrohen.« – »Ich habe den Eindruck, ins Theater durch die allerkleinste Tür einzutreten«, schreibt er seiner Tante in einem Brief. »Der Job, den ich mache, ist einfach, und das Fortkommen hängt allein vom Talent ab … Das Problem ist nur, dass die Bezahlung wirklich lächerlich gering ist – wenn man überhaupt bezahlt wird! Ich bin sicher ungeduldig, aber es braucht wirklich große Anstrengungen, damit man einen Fuß in die Tür bekommt.«

Am City College von Santa Monica bemüht sich Jimmy darum, sofort für den Herbst 1949 einen Schauspielkurs neben seinem Studienprogramm – Englisch, Geologie, Physik und Spanisch – zu belegen. Seine Schauspiellehrerin Gene Owen bemerkt sehr frühzeitig Jimmys Schwächen und Vorzüge. »Er artikulierte schlecht und verschluckte die Hälfte, sodass er ziemlich schwer zu verstehen war. Bei einem Schauspielkurs hat das jemand beanstandet und es dem Dialekt, den er aus Indiana mitgebracht hat, zugeschrieben... Um dieses Problem auszumerzen, nahmen wir uns für ein ganzes Semester lang außerhalb des Unterrichts den *Hamlet* vor. Wenn eine Sache seine undeutliche Aussprache verbessern könne, sagte ich ihm, so seien es Shakespeares schwierige Monologe. So gingen wir an ein Unterfangen, das sich für uns beide als faszinierend und bereichernd herausstellen sollte.«

Zusammen mit mehreren Studenten probt er ein Stück von Billy Bennett mit dem Titel *She was only a Farmer's Daughter*, in dem er einen Vater aus einer Aristokratenfamilie spielt. Die Vorstellung findet in dem kleinen Theater von Santa Monica statt. Unter den Schauspielern ist auch ein gewisser Dick Mangan zu finden, der später unter dem Namen Richard Shannon in mehreren Filmen spielt. »Jimmy war wie ein Regenbogen«, erzählt er. »Man sah von ihm niemals nur eine einzige Farbe, einen einzigen Aspekt auf einmal, sondern eine harmonische Gesamtheit von Farben. Wenn ich an ihn denke, sehe ich sofort ein lebendiges Licht, das durch meine Erinnerungen strahlt.«

Trotz eher durchschnittlicher Ergebnisse in einigen Fächern schließt James Dean sein erstes Uni-Semester doch noch erfolgreich ab. Seine Arbeit mit Gene Owen stellt für ihn sicher den wichtigsten Schwerpunkt seiner Studien dar, er tritt aber auch der Basketballmannschaft bei und wird Mitglied im Club der Jazzfreunde. Sein Basketballtrainer Samuel Crumpacker hebt seine sportliche Begabung hervor: »Er spielte exakt, hatte schnelle Reaktionen und eine gute Intuition.« Seine Schauspiellehrerin lobt seine wunderbaren Fortschritte: »Er war immer höflich und bei der Sache, seine Begeisterung für alles, was mit Theater zu tun hatte, kannte keine Grenzen … Eines Tages trug er im Unterricht einige Szenen aus einer Erzählung Edgar Allen Poes vor. Er war wunderbar – wobei er in jedem Fall, egal was er spielte, eine umwerfende Gefühlsintensität an den Tag legte. Danach bat ich ihn, einige Passagen aus *Hamlet* zu lesen. An diesem Abend verkündete ich beim Nachhausekommen meinem Mann, ich hätte nun unter den Studenten den idealen Darsteller gefunden, der den Prinzen Hamlet so spielen könne, wie ich es mir vorstellte.«

Am Ende des Studienjahres unternimmt Jimmy das Nötige, um sich für das Herbsttrimester an der UCLA, der Kalifornischen Universität von Los Angeles, zu immatrikulieren. Um seinen Vater zufrieden zu stellen, trägt er sich für Recht als Hauptfach und Schauspiel als Nebenfach ein. Gene Owen stellt sich gegen diese Wahl: »Ich habe ihm von dem Wechsel abgeraten«, erinnert sie sich. »Ich war Absolventin der UCLA und wusste, dass diese Universität für ihn zu akademisch war. Er hatte nicht den vorausgesetzten allgemeinen Bildungsstand. Ich wollte zu seinem Besten unbedingt, dass er noch ein Jahr bei uns bleiben, noch mehr teilnehmen und eventuell später eine andere Universität wählen würde.« Aber die Aussicht, an einer der berühmtesten Universitäten des Landes zu studieren, ist zu verlockend, und da er gute Noten hat, wird er angenommen.

Im Sommer 1950 weiß er in den Semesterferien aus den absolvierten Sportkursen Nutzen zu ziehen, indem er sich bei einer Militärakademie vor Ort als Leichtathletiktrainer engagieren lässt. Dies ist aber auch wirklich das einzige Mal in seinem Leben, dass er in einem Umfeld arbeitet, wo man Uniform trägt und wo der Alltag einer straffen Disziplin unterliegt.

Bei Semesterbeginn ist es ihm dank seiner sportlichen Leistungen möglich, einem Universitäts-Sportverein beizutreten, und er zieht in das Wohngebäude der Studentenvereinigung »Sigma Nu« an der Gayley Avenue 601 ein.

Vor Beginn der Vorlesungen trägt er sich bei der Arbeitsvermittlungsstelle des Campus ein, um eine Teilzeitarbeit zu erhalten. Da er sich ein wenig mit Filmprojektoren auskennt, findet er sich bald als Vorführer für 16-mm-Filme wieder, die im audiovisuellen Unterricht eingesetzt werden. Mit seinen Kursen für Recht und Schauspiel, seinem Job und dem Vereinsleben mangelt es ihm nicht an Beschäftigung, doch über seine Prioritäten hat er nun keinerlei Zweifel mehr.

James Bellah, ein großer Dunkelhaariger, erinnert sich an den Beginn dieses Studienjahrs: »Wir waren zu sechst in einem Zimmer. James Dean war gerade am Staubsaugen, als ich ihn das erste Mal sah. Er hatte eine Vorliebe dafür, Grimassen zu schneiden, und ich empfand sein Wesen als herzlich. Wir machten es uns zur Gewohnheit, miteinander Basketball zu spielen.«

Vom ersten Moment an findet Jimmy auf dem Campus zu einem inneren Gleichgewicht. Er nimmt an einem Fechtkurs teil, wird ein Fan der Football-Mannschaft der UCLA, schreibt begeisterte Briefe und gewinnt einige Freunde. Er geht auch mit der Schauspielstudentin Jeanetta Lewis aus, etwas Ernsthafteres verbindet er allerdings nicht damit.

Seine Leidenschaft für das Theater nimmt ihn völlig in Beschlag. In einer *Macbeth*-Produktion, die die Schüler selbst einstudieren, wird er für die Rolle des Malcolm ausgesucht. Niemand weiß, ob diese erste Anerkennung auf seine Leistung beim Vorsprechen oder lediglich auf Fakultätspolitik zurückgeht, jedenfalls überrascht und verärgert diese Auswahl nicht wenige. Bill Bast – ebenfalls Schauspielstudent und ein damaliger Kommilitone Jimmys – ruft sich seine Eindrücke ins Gedächtnis: »Der zurückhaltende junge Mann mit dem wirren sandblonden Haar führte am Campus sein eigenes Leben. Er schien ganz mit sich selbst beschäftigt und projizierte sich nur sporadisch in die Welt jenseits seiner dicken Hornbrille hinaus. Er kam einem kaum als etwas anderes vor als ein einfacher, zurückhaltender Junge, der seinen Bauernhof noch nicht lange verlassen hatte.«

Am 29. November 1950 vermag bei der *Macbeth*-Premiere sein Beitrag nicht zu überzeugen. »Jimmy war in diesem Stück entsetzlich schlecht«, erinnert sich einer der Schauspieler, »er spielte Shakespeare mit dem Tonfall von Indiana.« Die Universitätszeitung *Spotlight* kanzelt seine Leistung mit ein paar harschen Worten ab: »Malcolm ist es nicht gelungen, irgendeine Entwicklung zu zeigen; er ist ein König ohne Substanz.« In seinen Briefen weist jedoch nichts darauf hin, dass er sich seiner Mängel bewusst gewesen wäre. Er gibt im Gegenteil seiner Familie gegenüber zu verstehen, dass er von nun ab von seinen Lehrern und Kommilitonen als versierter Schauspieler angesehen werde – eine Meinung, der die Aussagen der meisten Studenten entgegenstehen: »Er hatte nichts Außergewöhnliches an sich«, erinnert sich Lou Cutelli. »Er war nett, herzlich, unkompliziert und versteckte sich ein bisschen hinter seiner Brille. Nichts ließ in ihm den Star vermuten, der er einmal werden würde.« Andere betonen seine Neigung, sich abzukapseln: »Er wirkte immer distanziert«, erinnert sich Dick Altman. »Wir picknickten oft auf dem Rasen hinter der Royce Hall. Aber er hielt sich oft abseits und blieb allein unter seinem Baum. Selten, dass wir miteinander Witze gemacht hätten. Ich erinnere mich nicht, dass es angeregte Diskussionen zwischen uns gegeben hätte. Er blieb reserviert, immer ein wenig geheimnisvoll. Was seine sexuelle Ausrichtung betrifft, so war es unmöglich, ihn einzuordnen.«

Jimmy bleibt undurchsichtig, auch wenn er sich mit einer Studentin zeigt. Ein Kommilitone, John Holden, erinnert sich an ein Gespräch mit ihm nach einem Probenabend: »Wir gingen zum Parkplatz. Er setzte sich mit mir ins Auto. Wir waren nicht sehr eng befreundet, aber es entstand eine intime Atmosphäre zwischen uns. Er hat nicht versucht, mich zu verführen, aber ich konnte spüren, dass irgendetwas im Gange war. Er wollte Tipps über das Nachtleben und die Schwulenszene und fragte mich, ob ich manchmal in Bars ginge: ›Du weißt schon, welche Art von Bars.‹ Ich antwortete ihm, ja, aber dass ich nichts daran fände, und wir wechselten das Thema.«

Nach *Macbeth* treten Baseball und Leichtathletik für ihn in den Hintergrund. James Dean denkt nur mehr an die fesselnden Figuren, in deren Haut er sich flüchten will und denen er seine Vehemenz, sein Feingefühl und seine Sensibilität verleihen könnte. Er kann nicht genug bekommen von den Gedichten Edgar Allen Poes und beginnt in einem riesigen Album ein Sammelsurium von Auszügen aus Artikeln über *Hamlet*, Fotos von traurigen Kindern und Liedern über unglückliche Liebe zusammenzutragen. Er ist mürrisch, menschenscheu, träumerisch und doch wieder voller Unruhe. Ewig in derselben Kluft – einem mehr oder weniger löcherigen Pullover und Blue Jeans –, scheint er nur den einen Gedanken zu haben: über die großen klassischen

Theaterrollen sich selbst zu finden und sich in seiner Kunst zu vervollkommnen.

Durch die Vermittlung von Jeanetta Lewis gewinnt er Freunde im Theaterzirkel: Joanne Mock und ihren Boyfriend Bill Bast. Die vier beschließen an einem Freitag nach der Probe, das Auto von Joannes Vater auszuleihen und die Küste entlang nach Santa Barbara zu fahren. Wegen einer Panne müssen sie auf freier Strecke anhalten. Jeanetta und Bill bleiben in dem liegen gebliebenen Auto, während Dean und Joanne per Anhalter Hilfe holen: »Er hat den Leuten, die uns mitgenommen haben, einen Haufen Geschichten erzählt, unter anderem, dass wir verheiratet sind!«

Im selben Semester wird ein weiteres Stück inszeniert, *The Land of Heart's Desire* von William Butler Yeats, in dem Jimmy eine Rolle spielt, die zunächst für Bill Bast bestimmt war. In seinem 1958 erschienenen Buch *James Dean* erzählt Bast: »Ich hatte bemerkt, dass es Jimmy an einer ganzen Menge grundlegender Kenntnisse fehlte. Er hatte nur eine sehr vage Ahnung von Literatur und Theater, und wenn wir auch niemals über Musik, Politik oder Philosophie diskutiert haben, so ahnte ich doch, dass er auch in diesen Bereichen nicht besser bewandert war. Ich selbst war eine Art frühreifes Kind gewesen und hatte mich schon in diesem Alter für diese Dinge interessiert. Du weißt bestens, sagte ich mir, inwieweit er dir helfen kann. Dieser Junge hat etwas, er hat eine Fähigkeit, die dir fehlt. Er verfügt über Kraft, Selbstsicherheit, Vertrauen und innere Unabhängigkeit. Er sieht aus wie ein Mensch, der entschlossen ist zu wachsen, sich zu entwickeln, niemals anzuhalten, sondern immer vorwärts zu schreiten. Dies ist ein Einfluss, den du benötigst, und das weißt du.«

Jimmy kommt sich in der Studentenvereinigung bald überflüssig vor. Bereits seine Mitwirkung in *Macbeth* hat ihn in den Augen seiner Sportskameraden herabgestuft. In einer Vereinigung, in der Leistungssport mehr Gewicht als jede andere Betätigung hat, werden weder Schauspieler noch Intellektuelle mit offenen Armen aufgenommen. Als man eines Abends miteinander trinkt, necken die anderen James Dean mit ihren Reden über Schauspieler, Schwuchteln und Balletttänzerinnen. Sie gehen in ihren Anspielungen zu weit, er gerät in Wut und schlägt zwei der Vereinskameraden nieder. Er wird daraufhin aus der Studentenvereinigung ausgeschlossen.

Jimmy überredet Bill Bast, sich mit ihm außerhalb des Campus eine Wohnung zu teilen. Im Januar 1951 suchen sie gemeinsam in Santa Monica nach einer passenden Bleibe und stoßen schließlich auf eine Dreizimmerwohnung im obersten Stockwerk eines Hochhauses mit Blick auf die Baumwipfel und den Ozean. Sie ist viel zu teuer – siebzig Dollar pro Monat –, aber alles ist zu perfekt, als dass man sich diese Gelegenheit entgehen lassen könnte. Nach Bills Worten ist es Jimmy, der sich durchsetzt. Er geht durch die Zimmer, inspiziert die Dusche, die Toiletten, den Kühlschrank, den Herd, jede Schranktür und die Terrasse. Schließlich nimmt er auf dem Parkettboden Platz und teilt seine Absicht mit, an diesem Ort zu bleiben.

Nach dem Einzug bemühen sich die beiden jungen Leute, ihr neues Leben zu organisieren, und dabei lernen sie sich besser kennen. Während Bast sich mit verdoppelter Energie in sein Studium stürzt, verliert Dean das Interesse daran. »Ich will nicht nur einfach ein guter Schauspieler werden«, erklärt er, »sondern ein solches Niveau erreichen, dass niemand fähig sein wird, an mich heranzukommen. Als er sich eine Agentin nimmt – Isabel Draesmer –, wird sein Ehrgeiz nur noch größer.

Eine erste Gelegenheit bietet sich: Ein Freund Jimmys erfährt, dass ein Fernsehproduzent Studenten für einen Pepsi-Cola-Werbespot benötigt. Die Dreharbeiten finden im Griffith Park statt. Der Job der Statisten beschränkt sich darauf, auf einem Karussell mit Holzpferden zu erscheinen. Am nächsten Tag spielt James Dean in einer zusätzlichen Sequenz eine Soloszene. Für eine Tagesgage von fünfundzwanzig Dollar tanzt er in Anzug und Krawatte vor der Jukebox einen Boogie-Woogie mit Nick Adams, mit dem er später in *... denn sie wissen nicht, was sie tun* wieder zusammenarbeiten wird.

Bald besucht er regelmäßig die von dem Schauspieler James Whitmore* gegründete Theaterschule. Im Unterrichtssaal des Brentwood County Mart Centers am San Vincente Boulevard ist der Schüler sofort von seinem Lehrer begeistert, der ebenfalls von seiner Begabung überzeugt ist. »Die Begegnung mit Whitmore war der Wendepunkt meiner Karriere«, versichert Dean später der Kolumnistin Louella Parsons beim Kinostart von *Jenseits von Eden*. Erstaunt über diese Bewunderung, die sie nicht vollständig teilt, macht ihn die Journalistin darauf aufmerksam, dass ihr seine Zukunft nach einem einzigen Film strahlender erschei-

---

* James Whitmore kommt nach einer glänzenden Karriere am Broadway nach Hollywood. Da er hier die anregende Atmosphäre von New York und die Möglichkeit, sich zu vervollkommnen, empfindlich vermisst, hat er die Idee, eine Schule für junge Schauspieler zu gründen, was ihm gleichzeitig erlauben wird, sich selbst zu verbessern.

ne als diejenige Whitmores nach fünf durchschnittlichen Rollen. »Das zu sagen ist ein Frevel!«, entgegnet er aufgebracht. »Ich wünsche allen Ihren Freunden, die in diesem Beruf Erfolg haben wollen, mit Whitmore zu arbeiten. Wenn die ihn nicht mögen, dann heißt das, dass sie Idioten sind. Das können Sie ihnen bei Gelegenheit von mir ausrichten.«

Der Lehrer setzt dem Enthusiasmus des Studenten allerdings eine gewisse Nüchternheit entgegen. »Theater spielen ist kein Kinderspiel«, sagt er, »romantisieren Sie hier besser nichts. Schauspielen ist eine Technik, ein ernsthafter Beruf. Um eine Technik, egal welche, zu erlernen, müssen Sie sich anstrengen. Das erfordert Zeit, Studium, Übung, Geduld. Und vor allem müssen Sie arbeiten, arbeiten, arbeiten … Und schwitzen. Wenn Sie nach Ruhm streben – den werden Sie beim Schauspielunterricht nicht finden! Vielleicht kommt er noch nicht einmal, wenn Sie dann Schauspieler sind. Suchen Sie aber das Gefühl, etwas zur Vollendung gebracht und sich persönlich verwirklicht zu haben, dann wird Ihnen kein anderer Beruf in der Welt so viel schenken. So empfinde ich es jedenfalls. Wenn Sie sich Ihrer Kunst ganz hingeben, werden Sie bis ans Ende Ihrer Kräfte gehen. Werden Sie dann endlich so weit sein, sich Schauspieler zu nennen, so werden Sie dermaßen erschöpft sein, dass der Applaus für Sie wahrscheinlich keine Bedeutung mehr haben wird. Aber Sie werden sich gut fühlen, so wie man sich fühlt, wenn man Sport getrieben hat, wenn man sich so richtig verausgabt hat und merkt, wie jeder Muskel des Körpers schmerzt. Es wird wehtun, aber angenehm weh. Hier werden wir arbeiten. Das ist es, wozu wir hier zusammengekommen sind. Ich bin kein diplomierter Lehrer, aber ich kann das, was ich gelernt habe, mit Ihnen teilen. Ich werde versuchen, Ihnen die Dinge so zu erklären, wie ich sie sehe. Vielleicht wird das für Sie Sinn machen, vielleicht auch nicht. Das hängt zum einen von mir und zum anderen von Ihnen ab. Mit ein bisschen Glück werden wir fähig sein, etwas auf die Beine zu stellen.«

Dank James Whitmore wird Jimmy mit den Basistechniken wie Konzentration, Diktion und Improvisation vertraut – eine unerlässliche Ausbildungsphase. Die ersten Übungen bestehen in nichts weiter als in grundlegenden Bewegungen und Pantomimen, mit denen der Schauspieler das Interesse der anderen acht Studenten wecken soll. Dabei geht es für ihn darum, durch seine eigene innerliche Konzentration Spannung oder etwas Geheimnisvolles zu vermitteln, ohne dass er Worte, ja noch nicht einmal Laute, nutzt. Der nächste Schritt besteht darin, zwei Schauspielern eine bestimmte ausgedachte Situation vorzugeben und sie damit frei eine Szene improvisieren zu lassen. In einer Pantomime stellt James Dean eine Tanne dar, die heftig im Sturm schwankt, in einer anderen spielt er – zusammen mit Bill – einen Dieb in einem Schmuckgeschäft, der von dem Juwelier überrascht wird. Nachdem die Szene zunächst misslingt, beginnen sie von vorne und versetzen sich schließlich so gut in die Figuren hinein, dass sie anfangen, sich ernsthaft zu verprügeln, sodass die anderen dazwischengehen müssen.

Im Lauf der Wochen verfolgt Bill Bast sein Studium weiter und arbeitet bei den CBS-Filmstudios, um seine Kurse bezahlen zu können. Sein Mitbewohner dagegen verausgabt sich rückhaltlos in tausend Beschäftigungen: Er posiert bei einem Fotografen, um eine Setcard zu erstellen, trifft sich mit seiner Agentin und tritt zum Vorsprechen in Hollywood an. Whitmores Unterricht wird für ihn unverzichtbar. Bisher nur mit den Techniken und Effekten eines extravertierten, auf ausdrucksvollen Vortrag ausgerichteten Spiels vertraut, hat der junge Mann noch nie mit den psychologischen Vorgängen des innerlichen Spiels, dem Aufgehen des Schauspielers in seiner Rolle und den Verwandlungen, die durch Konzentration möglich werden, Bekanntschaft geschlossen. Er beginnt gerade erst, den Grad innerer Überzeugtheit zu ermessen, der notwendig ist, um die für die Leinwand erforderliche Intensität des Schauspiels zu bewirken.

Er bekommt Gelegenheit, die Ergebnisse des erhaltenen Unterrichts zu demonstrieren. Jerry Fairbank, der Produzent der Pepsi-Cola-Werbung, hat ihn im Auge für einen Fernsehfilm mit dem Titel *Hill Number One**. Es handelt sich um einen einstündigen Spielfilm, der in den Osterferien ausgestrahlt werden soll und der von *Pater Peyton's Family Theater*, einem bekannten christlichen Verein, finanziert wird. Einige Tage vor den Dreharbeiten zeigt sich Jimmy so nervös, dass es – so Bill – in seiner Nähe unmöglich auszuhalten war: »Ich hatte manchmal das Gefühl, dass es ihm so vorkam, als ob er Gefahr liefe, die Rolle zu verlieren, wenn er über sie spräche oder auch nur die Möglichkeit ihrer Existenz anerkannte. Ein oder zwei Mal hatte ich den Eindruck, dass er seine Befriedigung und Freude bei sich behielt, als

---

* In der Handlung dieses Films vermischen sich religiöse und patriotische Motive: Im Koreakrieg bombardiert eine von den Kämpfen erschöpfte GI-Gruppe ein schwieriges Ziel, den Hügel Nummer 46. Am Ostersonntag kommt, als die Kampfhandlungen vorübergehend nachlassen, ein Kaplan zu ihnen und erzählt ihnen die Geschichte der Kreuzigung Christi. Als er geendet hat, wird gemeldet, der Hügel Nummer 46 sei gefallen und die Schlacht gewonnen.

fürchtete er, ich oder jemand anders könnte sie ihm nehmen, wenn er uns daran teilnehmen ließe.«

James Dean spielt die Rolle des heiligen Johannes. Sein Haar ist kunstvoll gelockt, er spricht mit gedämpfter Stimme. Als die Apostel feststellen, dass der Stein vom Grab gerückt worden ist, ruft er aus: »Er wird uns das Licht bringen! Kommt, lasst uns die frohe Botschaft verbreiten!«

Der Schauspieler hat in dem Film zwar nur wenige Sätze zu sprechen, man erahnt aber bereits seine Persönlichkeit und Präsenz. Diejenigen, die ihn gesehen haben, erinnern sich, dass er bereits diese »verletzliche Intensität« zum Ausdruck brachte, die eines seiner Merkmale werden sollte, und dass man auf ihn aufmerksam geworden war, so kurz und unspektakulär seine Darstellung auch gewesen sein mochte. »Stars«, hat Howard Hawks einmal gesagt, »sind nicht unbedingt große Schauspieler, aber sie sind außergewöhnliche Persönlichkeiten, und wenn sie auf eine Kamera treffen, so erkennt sie die Kamera und registriert liebevoll alles, was sie tun.«

Tatsächlich hat eine ganze Schule diesen heiligen Johannes geliebt. Die Teenager vom »College zum unbefleckten Herzen« kontaktieren Jimmy über seine Agentin und laden ihn zu einer Tea-Time-Party ein, bei der eine »Gesellschaft der Freunde von James Dean« gegründet wird. Er unterzieht sich freiwillig einer Serie von kleinen Festen mit Schmeicheleien und Gekicher und weiß anscheinend den plötzlichen und momentanen Starrummel bei seinen jugendlichen Fans ausgiebig zu genießen.

Danach lassen neue Rollenangebote auf sich warten und so legt er den üblichen Weg vieler junger Schauspieler zurück: Castings, Teilnahme an Abendveranstaltungen, Statistenrollen in TV-Sendungen. Über Bill Bast lernt er eine junge Schauspielerin kennen und umwirbt sie ein wenig. Es handelt sich um Beverly Wills, die Tochter der Schauspielerin Joan Davis. Sie spielt zwar bereits jede Woche in einer Rundfunkkomödie, *Miss Junior*, geht aber noch aufs Gymnasium. Als ihre Klasse ein Sommerpicknick organisiert, lädt Bill Bast Jimmy dazu ein. Von da an macht es sich Jimmy zur Gewohnheit, mit Bill und Beverly auszugehen, wobei er entweder eine von Beverlys Freundinnen oder Jeanetta Lewis als Begleitung mitnimmt. Häufig finden diese Doppel-Rendezvous in Joan Davis' Luxusvilla in Bel Air ihren Abschluss.

»Ich fand ihn zuerst ziemlich langweilig«, sagt Beverly Wills später. »Dann fingen wir an, über Theater zu sprechen, und er war wie verwandelt. Er erklärte mir, warum er sich für die Stanislavski-Methode interessiert, die fordert, dass der Schauspieler nicht nur Personen, sondern auch Dinge darstellen soll. ›Schau‹, sagte er zu mir, ›ich bin eine Palme in einem Sturm.‹ Er schwenkte seinen Körper wie ein Verrückter hin und her. Um mehr Bewegungsfreiheit zu haben, legte er seine komische Lederjacke ab. Plötzlich kam er mir viel größer vor, weil er breite Schultern hatte. Dann fing er an, einen Affen zu imitieren, und kletterte auf einen Baum, um sich von da herunterzuschwingen. Er sprang und landete auf den Händen. Wie ein kleiner Junge war er außer Rand und Band.«

Beverly versucht, ihm bei ihrem Radiohörspiel ein Engagement zu verschaffen. Hank Garson, bei dem Dean seinen Vorsprechtermin hat, wird sich an Folgendes erinnern: »Dean kam zu mir. Er sah ein bisschen aus wie der junge Frank Sinatra. Ich bat ihn, sich vor das Mikro zu stellen und einen Text zu lesen, damit ich seine Stimme testen konnte.

Zu meiner großen Überraschung weigerte er sich und erklärte kategorisch, dass er nichts lesen würde. Ich sagte ihm, er brauche sich nicht mehr blicken zu lassen …« Bei allen Castings, an denen er damals teilnimmt, findet man ihn zu klein, zu zart, zu schön. Jonathan Gilmore zufolge benimmt sich Jimmy beim Vorsprechen sehr schnell aggressiv, wenn er spürt, dass man ihn nicht auf Anhieb mag. Sein Mangel an diplomatischem Geschick wird auch seiner Agentin Isabel Draesmer bald klar. Kühn ruft er selbst bei Studios oder Casting-Direktoren an. Ohne Erfolg. Aber die Agentin verzeiht ihm rasch, wenn er wieder einmal ins Fettnäpfchen tritt: »Er hatte ein nettes und liebenswertes Wesen, wenn man ihn gut kannte. Er hatte so großes Charisma, dass man seine Ausrutscher vergaß. Ich hatte ihm erzählt, dass ich während des Kriegs bei einem Rundfunksender eine Show leitete und dass dort mein Künstlername Marie Dean war. So kam es, dass er mir, wenn ich ihn zu einem Studio begleitete, sagte: ›Dann woll'n wir mal, Mama.‹ Das verstärkte unsere gegenseitige Zuneigung.«

Die Rollenangebote lassen noch immer auf sich warten und Jimmys Besorgnis wird noch verstärkt, da sich die Regierung der Vereinigten Staaten wegen des Koreakriegs dazu veranlasst sieht, in großem Stil Wehrpflichtige und Reservisten einzuberufen. Am 28. April 1951 wird er zur Musterung geladen. Er kommt ein zweites Mal ums Militär herum, indem er vorgibt, dass er zum einen den Dienst aus Gewissensgründen verweigere und zum anderen homosexuell sei. Bill Bast zufolge ist sein psychischer Zustand eigenartig: »Er hatte lange Anfälle von Depression. Er konnte sich in sein Zimmer setzen und stundenlang ins Leere starren. Ich machte mehrere Versuche, zu ihm durchzudringen, erntete aber selten mehr als ein ärgerliches ›Lass mich in Ruhe‹ oder einen abwesenden Blick als Reaktion. Er konnte sehr beunruhigend sein, wenn er so verschlossen war.«

James Dean bemüht sich um Engagements und nimmt in der Not der Verzweiflung sogar einen Job als Portier bei CBS an. Nach einer Woche, in der er mit seiner Uniform seinen Job macht, lässt er die Sache lieber sein. Zwar steht ihm die »Verkleidung« sehr gut, aber eine solche Arbeit verlangt ihm zu viel Demut ab. Dies bringt wiederum Bill Bast auf die Palme, der – ebenfalls mit einem Portiersjob – für einen Großteil der Miete aufkommen muss. In seinem Buch über James Dean führt er aus: »Ich hatte vor allem eine Stinkwut darüber, dass Jimmy nie ehrlich mit sich selbst war. Er empörte sich über die ganzen Manöver, zu denen man sich erniedrigen musste, um in Hollywood Erfolg zu haben. Er hielt es für unter seiner Würde, den Arschkriecher spielen zu müssen, um eine Rolle zu ergattern, und jedes Mal, wenn er seine Freunde in dieser Situation sah, machte er ihnen Vorwürfe und sagte, er habe keinen Respekt mehr vor ihnen. Aber es ist Tatsache, dass er seinerseits nicht zurückstand, wenn es ums Arschkriechen ging, und er hasste sich dafür. Darum beschuldigte er die anderen.«

Von den beiden jungen Männern ist Bill der robustere und hat mehr Sinn für das Praktische als Jimmy. Er gibt Acht, seinen Teilzeitjob bei CBS zu behalten, führt sein Studium an der UCLA weiter, und wenn die Zeiten hart sind, leiht er sich Geld bei Freunden. Sein Mitbewohner hat es umso leichter, den weißen Ritter von Hollywood zu spielen und die üblichen Mittel zu kritisieren, mit denen um Rollen gebuhlt wird. »Es gibt Typen, die meinen, dass sie Götter sind, die Stadt ist voll von Leuten dieses Schlags«, bemerkt Jimmy.

»Immer sind sie umgeben von armen Jungs, Naivlingen wie mir, die sie nach ihrer Pfeife tanzen lassen. Sie lassen sie herumrennen wie aufgescheuchte Ziegen und erwarten, dass sie ihre ganzen Verführungskünste spielen lassen und vor ihnen, den großen Bossen, auf dem Bauch kriechen. Ich dachte, das könnte sich auszahlen. Aber man kapiert ziemlich schnell, dass einen das zu nichts führt. Und wenn ich nicht mit meinem Talent allein Erfolg haben kann, dann ist mir lieber, ich habe überhaupt keinen Erfolg.«

Höchstwahrscheinlich ist Bill in Jimmy verliebt. Bill wird sich später zu seiner Homosexualität bekennen, er verweigert allerdings eine Bestätigung, dass er zu James Dean mehr als ein kameradschaftliches Verhältnis gehabt hat. Ihre Freundschaft ist indes die einzige dauerhafte und tiefer gehende Beziehung, die Jimmy in diesen zwei Jahren in Los Angeles gehabt hat. In einem gewissen Maß beschützt sie ihn auch vor Umständen, denen er sich nicht stellen mag.

Doch die Spannungen nehmen zu. »Ich fand die Kommunikation mit ihm immer schwierig«, schreibt Bast, »aber ab einem bestimmten Zeitpunkt wurde es extrem. Im Interesse meiner eigenen seelischen Gesundheit zog ich es vor, ihn ganz zu ignorieren, ihm aus dem Weg zu gehen und mich nur noch mit meinen eigenen Angelegenheiten zu befassen.« Die Wohngemeinschaft bricht schließlich auseinander und Jimmy zieht in ein möbliertes Hotel in Hollywood, das Gower Plaza, unweit von CBS. Um seine Miete zahlen zu können, muss er nun umgehend Arbeit finden, und so nimmt er eine Beschäftigung an, die darin besteht, auf einem Parkplatz am Sunset Boulevard 6121 Autos einzuparken. Er kann nun nicht mehr anders und ist bereit, seinen Stolz hintanzustellen, um seine Karriere voranzutreiben.

Magere Jahre

Von nun an wohnt James Dean allein und bemüht sich, nützliche Verbindungen zu knüpfen. So beherbergt ihn nach einiger Zeit Ted Avery, ein alter Hase von den CBS-Studios, in seinem Haus, wenn seine Frau nicht da ist, und erteilt ihm zudem Reitunterricht. Bald wird Jimmy für drei Filme ausgewählt. In einer Produktion der Twentieth Century Fox unter Regie von Samuel Fuller mit dem Titel *Der letzte Angriff (Fixed Bayonets!)* spielt er einen Soldaten. Sein einziger Satz lautet: »Das ist ein Posten, der aus dem Hinterland zurückkommt.« In *Sailor Beware,* einer Paramount-Komödie mit Dean Martin und Jerry Lewis, ist er ein schweigsamer und finsterer Matrose und in *Has Anybody Seen My Gal,* einem Film der Universal mit Rock Hudson und Charles Coburn unter der Regie von Douglas Sirk, stellt er einen »Feinschmecker« mit einer Vorliebe für Eiskrem dar.

Eine andere für ihn vorteilhafte Begegnung ist die mit Rogers Brackett, dessen Vater einer der Pioniere des Films war. Brackett ist ein Pferdenarr und ausgezeichneter Polospieler. Er führt bei Unterhaltungsserien für den Rundfunk Regie und hat große Erfolge bei verschiedenen Sendungen vorzuweisen. Ihm verdankt Jimmy die Teilnahme an vier Folgen von *Alias Jane Doe*, welche am 28. Juli, 11. August, 15. und 22. September 1951 aufgezeichnet werden und für die er je siebenundfünfzig Dollar erhält.

Rogers Brackett bewohnt zu der Zeit eine luxuriöse Wohnung am Sunset Strip im Hotel Sunset Plaza. Der junge Schauspieler zieht hier ein, ohne sich im Geringsten daran zu stören, dass er auf Kosten eines Freundes wohnt. Letzterer hat einen ausgezeichneten Einfluss auf ihn, er macht ihn mit der Kultur der 20er- und 30er-Jahre bekannt und regt ihn an, Cocteau und Colette, Fitzgerald und Dos Passos zu lesen.

»Obwohl die Denkart der mondänen Society für Dean etwas vollkommen Neues war«, erinnert sich Bill Bast, »nahm er dies alles im Handumdrehen in sich auf und wirkte nach außen sogar weltläufig-gelangweilt und wenig beeindruckt von dem, was er entdeckte. Rogers brachte ihm bei, in einer Gesellschaft von eleganten und weltgewandten Menschen zu verkehren und sich gleichzeitig die Fähigkeit zur intellektuellen Distanz und Objektivität zu bewahren.«

Jimmys Horizont erweitert sich, er entdeckt zum Beispiel die Kunst von Henri Matisse und Paul Klee. Eine Welt, die er immer für außerhalb seiner Reichweite glaubte, öffnet sich ihm. Er ist restlos begeistert, dass bei Brackett die Freunde des Hauses ihn, den Farmersjungen aus Indiana, in ihrer Mitte dulden und dass man ihn in solch elegante Lokalitäten wie ins Laguna Beach, La Rue oder Mocambo einlädt, wo die »gute Gesellschaft« verkehrt. Nicht nur, dass man ihn akzeptiert, man zollt auch jedem seiner Bonmots Beifall und ist angetan davon, wie er sich als der ungehobelte junge Cowboy gibt.

Jimmy verbringt ungezwungene Tage am Swimmingpool des Sunset Plaza mit Rogers Brackett. Einige Wochen lang partizipiert er ein bisschen an diesem oberflächlichen Glanz und am wohligen Schauer, den man bei der Erwähnung prominenter Namen bekommt. Von Natur aus ein guter Clown und Schauspieler, ist Jimmy ein recht beliebter Gast bei Empfängen oder bei Wochenendausflügen zu Stierkämpfen nach Tijuana, auf der anderen Seite der mexikanischen Grenze. Er nimmt alles mit Leidenschaft in sich auf, wobei er sich aber nicht von den Verlockungen dieser künstlichen Welt ködern lässt. »Er nahm alles Neue in sich auf und war gierig auf alles, wovon er bei anderen profitieren konnte«, bemerkt später sein Freund Bill Bast.

Rogers lädt ihn in Nobelrestaurants ein und schenkt ihm Parfüms und Kleidung. Die Vater-Sohn-Beziehung zwischen Dean und dem fünfzehn Jahre älteren Brackett ist überaus komplex. Rogers ist offensichtlich homosexuell. So fühlt sich eines Nachmittags ein Student, der Jimmy besuchen kommt, verpflichtet, diesem über seinen Gastgeber zu sagen:

»Dieser Typ hat nichts für Frauen übrig.«

»Ja, ich weiß«, antwortet Dean.

Ist es für Jimmy eine Affäre, auf die er sich aus reiner Berechnung einlässt? Rogers wird sich später selbst fragen, ob die Gefühle seines Schülers aufrichtig gewesen sind. Lange nach dem Ende ihrer Freundschaft trifft er ihn eines Tags ziemlich niedergeschlagen an und James Dean sagt den rätselhaften Satz: »Ich verstehe es weder zu lieben, noch geliebt zu werden.« In einem Interview, das Brackett in den 70er-Jahren gibt, erklärt er, dass ihre körperliche Beziehung für beide befriedigend gewesen sei.

In Wirklichkeit fühlt sich Jimmy in einer Sackgasse. Nicht alle Freunde seines Mentors schätzen ihn oder haben Lust, ihn bei seiner Karriere zu unterstützen. Er findet das Leben, das er führt, mit der Zeit langweilig und äußert gegenüber Bill Bast: »Ich möchte so weit wachsen, bis ich mich über die schäbige Welt, in der wir leben, erhebe. Ich möchte sie hinter mir lassen, ich möchte diese ganzen kleinen armseligen Gedanken aufgeben, die man sich um Dinge ohne Bedeutung macht, Dinge, die jedenfalls in hundert Jahren vergessen sein werden. Es gibt irgendwo eine Ebene, wo alles greifbar und bedeutend ist. Ich werde versuchen, sie zu erreichen und einen Platz zu finden, der – ich weiß es – der Perfektion sehr nahe sein wird, einen Platz, der eigentlich unserer verkorksten Welt entspräche, wenn sie sich nur die Zeit nähme zu lernen.«

Er hat genug. Mit einem Schlag. Genug von diesem lächerlichen Zoo und von diesem Hollywood, das er verachtet: Pappmaché-Träume, Talmi von vorne bis hinten, Leben und Liebe als Illusionsmalerei. Er hat Lust auf eine radikale Veränderung. Während er sich noch fragt, in welche Richtung er sein Leben lenken soll, erhält er eine Statistenrolle in einer Varietésendung, der *Alan Young Show*. Der Regisseur findet ihn so sympathisch, dass er ihn ermutigt, sein Glück beim Theater zu versuchen, dies aber eher in New York als in Hollywood.

Dieser Ratschlag ist einer von der Art, wie sie ihm James Whitmore gegeben hat. Jimmy hat noch ein Gespräch mit dem von ihm bewunderten Lehrer im Gedächtnis: »Mister Whitmore, wie wird man am schnellsten und am besten Schauspieler?«

»Es gibt nur einen Weg, in diesem Bereich erfolgreich zu sein, nämlich nach New York zu gehen. Aber vergeude nicht deine Vitalität und dein Talent. Versuche, das Schauspielerleben zu lieben, das, wenn man noch lernt, unsicher und jeden Tag in Frage gestellt ist. Lasse dich nicht beirren und verliere nicht wegen einer Kleinigkeit den Mut, wie es die meisten tun. Lerne, lerne und lass nicht locker. Leg dich ins

Zeug. Lerne alles zu spielen und nimm jedes beliebige Angebot an, um spielen zu lernen. Greif nach der erstbesten Rolle. Spiele. Dann, nach und nach, je mehr du Fortschritte machst, löse dich von der Tradition, setze dich über die Konventionen hinweg.«

»Wissen Sie einen Ort, wo ich Ihre Ratschläge nutzen kann, Mister Whitmore?«

»Ja, das Actor's Studio, die Kurse von Elia Kazan.«

»Der, bei dem Marlon Brando Schauspielunterricht hatte?«

»Brando und viele andere. Es gibt keine bessere Schule, nicht in den Vereinigten Staaten und nicht in Europa. Leider weiß ich nicht, ob Kazan dich nehmen kann ...«

Und dann erklärte der ehemalige Schüler des Actor's Studio in bestimmendem Ton: »Was du nötig hast, Jimmy, ist zu brennen, zu explodieren und bis an deine äußersten Grenzen zu gehen. Wenn du Lust hast, aufzubrechen, dann bedeutet das, dass du es tun sollst.«

Rogers Brackett reist selbst gerade nach Chicago ab. James Dean nützt die Gelegenheit. Am 15. Oktober 1951 verlässt er Kalifornien. Er macht zunächst in Chicago Station, um Rogers wiederzusehen, dann besucht er Reverend DeWeerd in Indianapolis. Beide Männer geben ihm jeweils einige hundert Dollar für den Beginn in New York. Nach drei Tagen bei seiner Tante in Fairmont nimmt er den Bus nach New York.

In Manhattan findet er zunächst ein Zimmer im Iroquois Hotel an der Vierundvierzigsten Straße West unweit des Times Square. Zu Beginn ängstigt ihn die Metropole. »Ich fühlte mich in den ersten Wochen so restlos verloren, dass ich mich nicht traute, mich mehr als zwei oder drei Straßen von meinem Hotel wegzubewegen. Um meine Angst zu bekämpfen, schaute ich mir drei Filme pro Tag an. Fast mein ganzes Geld ging dafür drauf.« Später beschreibt er einem Freund seine ersten Eindrücke von der Stadt: »Vis-à-vis vom Club ›Leon & Eddies‹ … Der reinste Wahnsinn! Ich verneh-me in der Tiefe der Nacht das monotone Schlagen der Tamburins, sinnlich und suggestiv, tätowierte Körper und Visionen von Orgien spuken mir im Hirn. Geruch nach Gin und Bier für neunzig Cent, ich fühle eine schmerzhafte Starre in mir. Ich höre, wie das Publikum tobt und einer Tänzerin zujubelt, die es mit ihren aufreizend lasziven Bewegungen in ihren Bann zieht. Schweiß rinnt überall an ihr herunter, und die schicke Gesellschaft in den ersten Reihen lässt sich keinen Tropfen davon entgehen. Der Gipfel des Widerwärtigen. Es ist halb sieben Uhr früh … Die zweite Schublade von unten, zu meiner Linken, birgt eine Kollektion suggestiver Bilder. Zeichnungen und Fotos. Das ist meine *Comedia Divina* … Ich würde Dir gerne von schöneren Dingen erzählen. Aber man muss die Realität ohne Illusionen sehen, nicht? Alles, was ich hier geschrieben habe, ist wahr. Es ist schwierig für mich. Ich fühle mich allein. Entschuldige. Ich fühle mich allein.«

Deans Einsamkeit in New York sollte allerdings differenzierter gesehen werden. Dank Rogers Brackett besitzt er eine Liste von Ansprechpartnern, beginnend mit Bracketts bestem Freund, dem Komponisten Alec Wilder, der seinen festen Wohnsitz im berühmten Hotel Algonquin an der Vierundvierzigsten Straße West hat. »Dass Jimmy im Mittelpunkt von Rogers' Leben gestanden hatte, war eine ausreichende Referenz«, erklärt der Musiker später. Dean teilt von Zeit zu Zeit ein üppiges Frühstück mit Wilder in dessen

Hotel und geht dort bald ein und aus. Der Komponist stellt ihn dem gesamten Personal vor, den Portiers, Kellnerinnen, Barkeepern. »Die Hotelpagen wussten, dass Alec auf Jimmy Acht gab und dass er sich die Zeit nahm, mit ihm zu sprechen. Innerhalb weniger Wochen gewann der junge Mann den Eindruck, im Algonquin einen schützenden Kokon gefunden zu haben, wo er sich sicher fühlen konnte«, bestätigt ein Zeuge.

Alec Wilder erinnert sich an ihn als an »einen gut aussehenden Kerl, wenn er auch eher klein war. Er war körperlich kräftig, sah aber so schlecht, dass er immer eine Brille brauchte. Mir gefiel seine Begeisterung für das Theater. Er benahm sich sehr männlich, war aber ganz zweifellos homosexuell. Er war ein angenehmer Geselle, laut, temperamentvoll und herzlich.«

James Dean tauscht sein Zimmer im Iroquois gegen eine Unterkunft beim YMCA in der Dreiundsechzigsten Straße West, doch das Hotel Algonquin bleibt während der ersten Monate in New York sein Lieblingsaufenthaltsort. Gleichzeitig pflegt Jimmy weitere Freundschaften, zum Beispiel mit Richard Gearin: »Ich war gerade aus Korea zurückgekommen, und er traf sich mit mir an der Fünfzigsten Straße, wo ich an der Endstation der Greyhound-Buslinien jobbte. Ich sehe ihn noch, wie er beladen mit Büchern daherkam. Er hatte beschlossen, den ganzen Hemingway zu lesen. Von Zeit zu Zeit wohnte er bei mir.«

Jerry's Bar in der Dreiundfünfzigsten Straße wird zu seiner Kantine: »Jerry Lucci nahm uns unter seine Fittiche«, erzählt Richard Gearin weiter. »Wenn wir pleite waren, verlangte er kein Geld von uns. Er sagte uns, wir sollten in der Küche Spaghetti holen, und Jimmy kochte sie *al dente*. Es war Jerry, der ihm beigebracht hat, wie man sie richtig zubereitet.«

In einem Brief an DeWeerd bezeichnet sich Dean als teils verunsichert, teils fasziniert von New York. Er erzählt, dass er im Rockefeller Center Schlittschuh laufen gehe, beklagt sich, dass ihm das Geld unter den Fingern zerrinne, und rückt damit heraus, dass er zwei Agenten ständig belagere.

Louis Fontana, Friseur im Hotel Iroquois, erinnert sich, wie Jimmy in diesem Winter war: »Ein Freund hatte ihn zum Haareschneiden zu mir geschickt. Er hatte an dem Tag kein Geld, aber er gab es mir später. Er war eher deprimiert und sprach nicht viel. Er machte es sich zur Gewohnheit, auf den Stufen vor meinem Laden zu sitzen, niedergeschlagen, weil er Schwierigkeiten hatte, seine Miete und sein Essen zu bezahlen. Er fand damals keine Arbeit.«

Seine alte Freundin Beverly Wills kreuzt in diesem Winter in Begleitung ihrer Mutter in New York auf: »Jimmy trug trotz der Kälte dieselben Sachen wie in Kalifornien. Er war ziemlich entmutigt, weil sich in beruflicher Hinsicht nichts auftat. Er gestand mir sogar ein, dass er, wenn die Dinge nicht vom Fleck kämen, unter Umständen nach Mexiko gehen und sein Glück als Stierkämpfer versuchen würde.«

Glücklicherweise interveniert Rogers Brackett aus Chicago bei einem seiner Freunde, Madison Musser, der als Produzent beim Hörfunk arbeitet. Dieser trifft Dean und macht es sich zur Ehrensache, ihn bei einer größtmöglichen Zahl von Personen einzuführen: »Ich habe für ihn den Agenten gespielt. Zu seinem ersten Vorsprechen kam er in einer hautengen Jeans und mit durchsichtigem Hemd, während alle anderen Schauspieler in dunkler Kleidung erschienen.

Er hatte einen wirklich schönen Körper, aber diese provokante Art, sich zu kleiden, überraschte. Seine Egozentrik war ausgeprägt, und für gesellschaftliche Konventionen hatte er keinerlei Sinn.«

Und noch einen Kontakt verdankt er Brackett – den Werbefachmann James Sheldon. Dieser vermittelt ihm einen Vorsprechtermin für die TV-Version eines Stücks mit dem Titel *I Remember Mama*. Dean wird von Doris Quinlan, der Assistentin des Produzenten, empfangen, die ihm erläutert, dass die Rolle im Theater von Marlon Brando gespielt worden sei. Schließlich wird er für Probeaufnahmen in die engere Wahl gezogen. Er spielt zunächst eine Reihe von kleinen Szenen. Am Anfang hat man den Eindruck, dass er die Rolle des jugendlichen Sohns in einer Familiensaga über Einwanderer zu Beginn des 20. Jahrhunderts sehr gut ausfüllt, aber im Lauf dieser Aufnahmen zeigt er sich immer weniger kooperativ. »Sein schwieriger Charakter kam wieder an die Oberfläche, die Rolle schien ihm seiner unwürdig zu sein«, kommentiert der Regisseur. Letzten Endes wird Jimmy nicht engagiert. Dies ist eine schreckliche Enttäuschung für ihn, aber man ist immerhin beeindruckt genug von ihm gewesen, um ihn an die Künstleragentur Louis Schurr zu empfehlen: Es ist an der Zeit, dass der junge Schauspieler in New York einen Impresario bekommt.

Als er einige Tage später im Büro von Schurr anruft, um einen Vorstellungstermin zu bekommen, scheint dort keiner vor Ungeduld zu platzen, ihn zu empfangen. Schließlich erhält er einen Termin bei einer gewissen Jane Deacy. Sie setzt sich gegen die Meinung der anderen Agenturmitglieder durch und nimmt Dean in ihre Kartei auf. Man weiß nur wenig über Deacys Einfluss auf James Dean. Nach dem Tod des Schauspielers wird sie sich hartnäckig weigern, Interviews über ihn zu geben. Fest steht, dass Jane Deacy den jungen Mann am Anfang linkisch, zu schüchtern und zu klein findet. Aber als erfahrener Profi – sie ist insbesondere die Agentin Martin Landaus und George C. Scotts – erspürt sie bei ihm einen Charme und eine Verletzlichkeit, die ungemein fesselnd sind. Begreift sie, dass in dem unbekannten jungen Mann mit der traurigen Miene etwas steckt, das ihn innerhalb von wenigen Jahren zum Sprachrohr der amerikanischen Jugend machen wird? Vielleicht. Jedenfalls befiehlt ihr die Intuition, ihm zu vertrauen, und sie tut es, wie vielleicht nur eine Frau dies zu tun weiß. Sie wird zu der geschickten Hand, die seine Karriere lenkt.

Jimmy wird ihre Entscheidungen und ihre Wahl immer ohne Diskussion akzeptieren, ganz im Vertrauen auf das Gespür von »Mom«. Denn Jane Deacy ist für ihn nicht nur seine Agentin, sie ist auch eine Vertraute und ein Mutterersatz. »Dean hat viel von dem mütterlichen Instinkt Janes profitiert«, äußert später ein Mitarbeiter der Agentur. »Ihm haftete etwas von einem verloren gegangenen Kind an, und die Frauen konnten ihm nicht widerstehen. Außerdem fand Jane wirklich, dass er Talent hatte. Sie hatte wie fast alle guten Agenten einen sechsten Sinn für verborgene Talente. Praktisch vom ersten Augenblick an war ihr Glauben an ihn unerschütterlich.« Sie ermuntert Dean, an einer Reihe von Spielshows fürs Fernsehen à la Spiel ohne Grenzen teilzunehmen. Die »Rolle« besteht darin, vor der Veranstaltung die einzelnen Spiele zu testen, zum Beispiel also mit ketchupbeschmiertem Gesicht über eingeseifte Bretter zu rutschen … Jimmy verdient dabei fünf Dollar pro Stunde und hat die Gelegenheit, allerlei Akrobatik zu vollführen.

In seinem Jugendherbergszimmer ist kaum Platz zum Umdrehen, aber nach und nach erweitert er seinen Bekanntenkreis. An Abenden, wo er sich zu einsam fühlt, geht er häufig in den Rehearsal Club. »Er hing immer in der Umgebung herum«, erzählt eine langjährige Mitarbeiterin des Clubs, »egal, ob er dort verabredet war oder nicht. Für alle Mädchen gehörte er sozusagen mit zur Familie. Einmal gab ihm eine davon einen Kamelhaarmantel, den sie in ihrer Schulzeit getragen hatte. Er war ihm zu klein, aber er trug ihn trotzdem.«

Eines Tages, als es in Strömen regnet, leiht er sich einen Regenschirm bei einem der Mädchen vom Club. Es handelt sich um Elizabeth »Dizzy« Sheridan, eine Tänzerin, die dort seit einigen Monaten arbeitet. Als er ihr den Schirm zwei Tage später zurückbringt, will sie gerade zu einer Tanzprobe gehen und schlägt ihm vor, sie zu begleiten. »Als ich Jimmy kennen lernte, wirkte er wie ein verirrter kleiner Junge, der mutterseelenallein war und einen Freund brauchte. Erst viel später ist mir klar geworden, dass er immer so war.« Dizzy, die Tochter des Konzertpianisten Frank Sheridan, fühlt sich mit Jimmy wesensverwandt. Sie verbringen lange Stunden miteinander und treffen sich regelmäßig in den Bars des Viertels. Wenn sie bei Kasse sind, essen sie eine Pizza bei Jerry. Dann laufen sie stundenlang an der Fifth Avenue entlang, machen Spaziergänge im Madison Square Park, setzen sich auf den Vorplatz der Saint-Patrick's-Kathedrale oder schlendern durch die Säle der Bildergalerien. Manchmal machen sie einfach einen Schaufensterbummel oder sehen sich die neuesten Automodelle an.

Elizabeth betrachtet ihren Gefährten: Er hat nicht die geringste Ähnlichkeit mit den sonstigen ihr bekannten

Schauspielschülern. Er trägt enge Jeans und einen zu weiten schwarzen Mantel, dessen Kragen er hochschlägt. Seine Brille rutscht ihm ständig auf die Nase herunter, und wenn er sie wieder hochschiebt, stülpt er in fast kindlicher Weise die Lippen auf. Sie hat plötzlich den Eindruck, von diesem Jungen, den sie eben kennen gelernt hat, alles zu wissen und alles zu verstehen. Alles: seine Traurigkeit, seine Leidenschaft und die Dinge, die sich in seinem Blick, in seinem Lächeln und sogar in der unruhigen kleinen Falte zwischen seinen Brauen ausdrücken. Was James Dean betrifft, so findet er in Dizzy eine Geistesverwandte. Sie scheint ihn fast wie ein Spiegel zu reflektieren. Auch sie ist lebhaft und voller Neugier, sie möchte Tänzerin, Cowboy oder Matador werden! Wie er hat auch sie überhaupt kein Geld.

Doch im Laufe der Wochen schenkt Jimmy seinem Privatleben kaum mehr Interesse, da er sich ganz seiner Karriere widmen will, die sich für seinen Geschmack zu langsam entwickelt. Sein Leben dreht sich um Castingtermine und das endlose Warten auf Arbeitsangebote, die sich fast nie realisieren. »Eines Tages«, erzählt der Schauspieler Martin Landau, »begegneten wir uns nach einem Vorsprechen draußen auf der Straße; wir erkannten uns wie Bekannte über die Erfahrung, die uns einte – die Demütigung. Wir liefen durch die Straßen und blieben vor einer Baustelle stehen. Da wir ohnehin dazu verurteilt sind, auf der Straße zu bleiben, beschlossen wir plötzlich, so handeln wir eben auch, als gehörten wir zur Straße. Wir begannen, Vorarbeiter zu spielen und den Arbeitern Befehle zuzurufen. Das ging ungefähr zwanzig Minuten so. Dann steuerten wir die Eisbahn an. Es gab da ein hübsches Mädchen auf dem Eis. Wir haben ihr Beifall geklatscht und sie angefeuert, bis sie sich uns wie eine Königin zuwandte und sich vor uns verbeugte.«

In diesem Winter 1951/52 zieht James Dean eine erste Rolle im Radio und kurze Szenen in fünf Fernsehspielen an Land; hier ist es wahrscheinlich eher auf seine Beharrlichkeit als auf sein Talent angekommen. Außerdem bekommt er eine winzige Rolle als Hotelboy in einer Folge der Serie *Studio One*. Er erscheint hier in Livree – ohne etwas zu sagen – in einer kurzen Szene mit John Forsythe, dem zukünftigen *Dynasty*-Star.

Am 8. Februar 1952 feiert Jimmy bei Jerry seinen einundzwanzigsten Geburtstag mit Dizzy und einigen Freunden vom Rehearsal Club. Er erklärt, dies sei sein schönster Geburtstag seit Jahren gewesen. Allerdings ist seine berufliche Situation noch immer genauso unsicher, selbst wenn ihm jetzt eine Agentin zur Seite steht. Zwar hat er in New York seine anfängliche Einsamkeit besiegt, aber interessante Rollen lassen weiterhin auf sich warten.

Der Wind dreht

Noch ist Jimmy ein Einsamer und Verlorener in den düsteren Hinterhöfen des Broadway. Er durchlebt eine Zeit, die wie ein Albtraum ist: Er wartet in einer Schlange auf einen Vorsprechtermin, eine Rolle, ein Engagement. Es ist ein endloses Warten darauf, dass der eigene Name aufgerufen wird und dass dieser Name einmal berühmt wird. Neben ihm andere junge Männer und Frauen, die wie er verloren gegangenen Hunden ohne Halsband gleichen, Unbekannte, die nach New York gekommen sind, um ihr Glück zu versuchen und ihr Leben zu leben. James Dean bewegt sich inmitten all dieser Verlorenen und Verwirrten. Bei ihnen bleibt die Erinnerung an einen seltsamen, kurzsichtigen Jungen, der alles hinter seiner Brille hervor beobachtet, mit wunderschönen Händen, langgliedrig wie die eines Musikers, er weiß mit ihnen herumzuspielen, um sein Gesicht zu verbergen. Ein eigenartiger Kobold, niemals erreichbar, seine Wohnungen wechselt er wie ein Dieb.

Seine mentale Verfassung wird aus dem Inhalt seines Briefwechsels mit einigen in Kalifornien beziehungsweise Indiana zurückgebliebenen Freunden deutlich. Er gibt zu, dass er mit Ängsten lebt, die Hälfte der Zeit hungrig, die Arbeitslosigkeit im Nacken, aber auch voller Neugier auf das nie enden wollende Schauspiel, das ihm die Straßen New Yorks bieten, mit ihrer Gewalt und Dekadenz, ihrer Furcht erregenden und grotesken menschlichen Komödie, aber auch ihrer Schönheit.

Während seines ersten Jahres in New York ist die zwei Jahre ältere Dizzy Sheridan mit Sicherheit sein bester Halt. Es geht sogar so weit, dass sie sich im Hotel Hargrave in der Zweiundsiebzigsten Straße West ein Zimmer teilen. Sie wird diese Zeit nicht vergessen: »Wir hatten bereits die Gewohnheiten eines alten Ehepaars. Er gab seine Sachen in die Reinigung und vergaß sie abzuholen. Ich wusch seine Unterwäsche im Waschbecken des Zimmers. Um sich zu bedanken, schenkte er mir eines Tages den *Kleinen Prinzen*. Ich habe absurde Briefe bekommen, während ich mit ihm zusammenwohnte. Ein Homosexueller schrieb mir: ›Sie glauben wohl, ein Monopol auf Jimmy zu haben! Er ist einer von uns, es wird Ihnen nicht gelingen, ihn zu halten.‹ Ich weiß nicht, ob er homo war. Was ich Ihnen sagen kann, ist, dass es uns gut miteinander ging. Unser Verhältnis war intensiv und herzlich.«

Dizzy erinnert sich auch an Heiratsanträge, die Jimmy ihr machte: »Das kam zu plötzlich, um wirklich ernst genommen zu werden, es sah zu sehr nach einem Spiel aus.« Manchmal begleitet er sie zu ihrer Mutter nach Wetchester County: »Wir liehen uns den Plymouth der Familie aus und fuhren zum Spazierengehen an einen See in der Gegend. Manchmal fuhren wir in ein Hotel in Larchmont, um miteinander zu schlafen. Es war sehr romantisch.« Die junge Frau schildert auch ihre permanente Geldnot. Sie sucht sich deswegen eine Arbeit als Retuscheurin, während er sich in allen möglichen kleinen Jobs versucht: Tellerwäscher, Hotelangestellter am Empfang, Verkäufer, ja sogar Lagerarbeiter in einem Aufnahmestudio. Die meisten, die ihn in der Zeit seiner beruflichen Anfänge gekannt haben, äußern, dass er damals (und dies gilt übrigens für seine ganze kurze Karriere) an allen Dingen, manchmal sogar an allen Menschen gezweifelt hat, mit einer Ausnahme: Er weiß, dass er letzten Endes eines Tages ein großer Schauspieler sein wird, und glaubt auch in den Stunden tiefster Melancholie an seinen Erfolg.

Nur hapert es in der Abteilung »Versorgung« weiterhin. Mit Jimmys und Dizzys Finanzen steht es so schlecht, dass sie schließlich auf ihr Zimmer im Hargrave-Hotel verzichten. Eine Notlösung bietet sich wieder einmal in der Person von Rogers Brackett an, der sich vorübergehend in New York niedergelassen hat. Der Mann vom Rundfunk und der Schauspieler teilen sich ein Appartement an der Dreiundzwanzigsten Straße West im obersten Stockwerk eines Gebäudes. Aber Dean stiehlt sich manchmal fort, um sich mit Elizabeth Sheridan in ihrem winzigen Zimmer an der Eighth Avenue zu treffen. Natürlich ist es bald so weit, dass Rogers und die junge Frau sich gegenseitig ablehnen: »Er war ein diabolischer Mensch«, wird sie sagen. »Er verhielt sich Jimmy gegenüber schrecklich besitzergreifend.«

Mit der Ankunft von Bill Bast in New York verändert sich alles wieder von Grund auf. Vielleicht ist es Dizzy Sheridan, die in der Absicht, sich gegen Bracketts Einfluss zur Wehr zu setzen, den beiden Freunden nahe legt, gemeinsam eine Wohnung zu mieten. Sie nehmen schließlich ein Zimmer im Hotel Iroquois. Das tiefe Einverständnis zwischen ihnen lebt wieder auf. Bill sieht seinen Freund mit neuen Augen. Jimmy wirkt zwar immer noch wie ein trauriger Ritter auf der Suche nach einem unerreichbaren Gral, aber gleichzeitig erscheint er nun entschlossener und selbstsicherer – sind es Zeichen der Reife? Jedenfalls vermittelt er den Eindruck, dass er weiß, wo er steht.

Im Mai 1952 verbessert sich seine finanzielle Lage. Am 11. Mai spielt er einen Freund Abraham Lincolns in einem Hörspiel mit John Lund und Wanda Henrix. Am 26. Mai hat er im Fernsehen einen Auftritt in einem anderen *Abraham Lincoln*. Er spielt temperamentvoll einen Unionssoldaten, der gegen die Vorschriften verstoßen hat und dem Präsidenten gegenübergestellt wird. »New York schien plötzlich ein günstiger Boden für ihn zu sein, er war optimistisch«, erzählt Bill Bast.

Am Abend kehrt er erschöpft nach Hause zurück, in seinem ewigen roten Sweater, und bevor er in Schlaf versinkt, legt er eine Platte auf, die ihn zu Tränen rühren kann: Mozarts *Kleine Nachtmusik*. Der junge Dean kann sich bei dem genialen Komponisten inspirieren und bei dieser Musik seinen Träumen nachhängen … In dieser Zeit, als er noch arm und bedeutungslos ist, ist er bereits derselbe wie später, als der Ruhm sich einstellt: eine Mischung aus verrücktem jungen Hund, einem Magier, einem verlorenen Helden, der sich von der unfreundlichen und turbulenten Stadt überrollt sieht, einem trotzigen Kind und einem Abenteurer, der von Scott Fitzgerald und Truman Capote träumt. Man hat ein Foto von ihm gefunden, das in dieser Zeit in New York aufgenommen wurde: Tagesanbruch. Es regnet. Man sieht ihn mit ausgreifenden Schritten einen Metro-Absperrzaun entlanglaufen. Er hat keine Kopfbedeckung, ein zu großer Mantel hängt an ihm. Er merkt nicht einmal, dass die Regenschauer seine Zigarette ausgelöscht haben. Er hat seine Brille abgenommen und zwinkert mit den Augen. Wovon träumt er? Von den goldenen Feldern Indianas oder den wunderbaren Rollen, die ihn erwarten?

Denn Jimmy will ins Actor's Studio aufgenommen werden.

Das plant auch Christine White, die bei Jane Deacys Agentur angestellt ist. Sie hat für ihre Aufnahmeprüfung eine Szene aus Ibsens *Hedda Gabler* gewählt. »Ich war im Büro am Tippen, und dieser komische bebrillte Bursche lehnte an der Tür. Er ging mir wirklich auf die Nerven, weil ich weitermachen wollte. Er kam, um mir über die Schulter zu schauen, und ich sagte:

›Ich tippe ein Stück.‹

Er fragte: ›Kann ich die Szene lesen?‹

Ich lehnte ab. Da wurde er aggressiv im Ton. Ich wollte wissen, ob er Schauspieler sei, und er sagte:

›Das hoffe ich.‹

›Ach ja? Das sieht man Ihnen aber nicht an‹, gab ich zurück.

Er ging sofort weg. Später, als ich hinausging, saß er in der Eingangshalle. Ich trat auf ihn zu:

›Ich wollte nicht grob sein. Ich heiße Christine White.‹

Er hob den Blick:

›Und ich heiße Jim. Möchten Sie mit mir etwas trinken gehen?‹

Er fing an zu reden wie ein Wasserfall, und wir gingen hinunter einen Kaffee trinken. Als er seine Brille abnahm, sagte ich mir, dass er nicht schlecht aussah, nur sehr mager. Und dann trug er einen Pullover, der von jemandem war, der eine andere Größe hatte.«

Schließlich arbeiten die beiden zusammen, um in die damals berühmteste Schauspielschule der Welt aufgenommen zu werden: das Actor's Studio von Elia Kazan und Lee Strasberg. Eva Marie Saint, Marlon Brando und Montgomery Clift haben ihr Handwerk größtenteils hier erlernt. Der Unterricht verlangt den Schülern alles ab. Hier wird gelehrt, seine Persönlichkeit aufzugeben, in die Figuren, die es zu verkörpern gilt, wie in einen Abgrund hineinzutauchen und in einem gewagten und die Anspannung aller Kräfte erfordernden Umwandlungsprozess ganz zu diesen Personen zu werden.

Der Einsatz, den man von den zukünftigen Schauspielern fordert, ist ungeheuer groß. Das System von Kazan und Strasberg ist unerbittlich. Nach einigen Unterrichtswochen sind die schlechten Schüler verschwunden, weggefegt von diesem Sturm, den sie nicht in ihre Gewalt bekommen haben. Aber die anderen ... Die Strasberg-Methode hat nahezu psychiatrische Züge und verlangt vom Schauspieler eine unerhörte Imaginationskraft. Am Ende des Wegs warten Genie und Triumph.

Strasberg ist fünfzig Jahre alt, als sich seine und Jimmys Lebenswege kreuzen. Er stammt aus einem jüdischen Ghetto in Polen und ist als Kind zusammen mit seiner Familie ausgewandert. Dieser Mann hat sich mit Leib und Seele dem Theater verschrieben. Die Stanislavski-Methode, auch »Methode der vollkommenen Identifikation« genannt, auf der das »Method Acting« aufbaut, ist wegweisend geworden für Generationen von Schauspielern, die Strasberg ausgebildet hat. Der Schauspieler muss sich durch eine intensive Erforschung der Szenen und seiner selbst vom Gewöhnlichen lösen. Um mit dem Publikum in Kommunikation zu treten, muss er in jeder seiner Gesten, in jedem Satz, den er ausspricht, eine »Motivation« finden, die nur aus seiner persönlichen Erfahrung, den Freuden und Leiden, die er persönlich erlebt hat, abgeleitet werden kann. Strasberg ermuntert seine Schüler häufig, sich bei ihrer ständigen Selbstbetrachtung psychoanalytischer Methoden zu bedienen. »Wenn ich Regie führe, zählen für mich nur das Stück oder das Drehbuch«, erklärt Kazan. Der Schauspieler ist nicht mehr als ein Mittel. Am Actor's Studio steht Lernbereitschaft an erster Stelle der geforderten Qualitäten – eine Lernbereitschaft, die aus freiem Herzen kommt.

Ende Mai 1952 findet die lang erwartete Aufnahmeprüfung statt. Doch Jimmy ist am Prüfungstag so nervös, dass er versucht, den Termin unter dem Vorwand, dass er noch nicht genug vorbereitet sei, zu verschieben. Nachdem er zwei Bier getrunken hat, betritt er schließlich doch das weiße Gebäude an der Vierundvierzigsten Straße, wo sich das »Studio« befindet. Gemeinsam mit Christine White steigt er vor Lee und Molly Strasberg auf die Bühne, wobei er sich wegen seiner Kurzsichtigkeit stolpernd fortbewegt. »Ohne seine Brille sah er nicht mehr als ein Maulwurf«, erzählt seine Freundin. »Aber er wollte sie zum Spielen nicht aufsetzen. Bei unserer Szene sollte er in der Mitte der Bühne stehen und ich sollte hereinkommen und ihn dann anrempeln. Er fand die Mitte nicht und ging bis nach hinten. Wenn ich die Szenenanweisungen wortwörtlich befolgt hätte, so hätte ich zu weit außerhalb gestanden, also mussten wir improvisieren.« Sofort stellt sie klar: »Es ist trotzdem alles gut verlaufen und seine Diktion war ausgezeichnet.«

Lee Strasberg findet ihre Vorstellung »natürlich und sehr glaubwürdig«, und Jimmy macht auf ihn »einen sehr guten Eindruck«. Beide werden aufgenommen. Mit einundzwanzig Jahren wird James Dean der jüngste Schüler, den das Studio jemals gehabt hat. Er schreibt einen Brief an seine Familie in Fairmont, der voller Optimismus ist: »Ich habe in meinem Beruf einige große Schritte nach vorne getan. Nach Monaten des Vorsprechens bin ich sehr stolz, Euch mitzuteilen, dass ich nun Mitglied des Actor's Studio bin – der Schauspielschule mit dem höchsten Ansehen. Sie hat Größen wie Marlon Brando, Julie Harris, Arthur Kennedy, Elia Kazan, Mildred Dunnock, Kevin McCarthy, Monty Clift und June Havoc aufgenommen. Es kommen nur sehr wenige Leute hier rein, und dann ist die Teilnahme absolut kostenlos. Es ist das Beste, was einem Schauspieler passieren kann. Ich bin einer der Jüngsten, die dazugehören. Wenn ich mich den Anforderungen gewachsen zeige und mich nichts am Vorankommen hindert, so werde ich eines Tages vielleicht fähig sein, einen wichtigen Beitrag zu leisten und der Welt etwas zu schenken.«

Durch diesen Erfolg ermutigt, beginnt er sofort an Projekten zu arbeiten. Er spielt mit Christine White eine Szene, in der ein frisch verheiratetes Pärchen seine Hochzeitsreise vorbereitet. Außerdem hat ihm Barnaby Conrads Roman *Matador* sehr gut gefallen, der von einem alten Torero erzählt, den sein Stolz anstachelt, einen jungen Rivalen herauszufordern, obwohl er sicher ist, dass er im Wettkampf untergehen wird. Jimmy möchte ein Kapitel fürs Theater bearbeiten, einen inneren Monolog. Als Requisiten genügen eine Muttergottesstatue, eine Kerze und die *capa* des Stierkämpfers. »James Dean legte sich mit Leib und Seele hinein«, erzählt Bill Bast.

Die Vorstellung findet vor dem gesamten Studio unter den kritischen Blicken Lee Strasbergs statt. Und dieser ist fähig, auch noch in der besten Interpretation Mängel zu finden. Er besitzt feine Fühler dafür, ob sich ein Schauspieler in einem Moment, da die Handlung einem Höhepunkt zugeht, unfähig zeigt, ein Maximum an Emotion zu vermitteln. Jimmy entspricht diesen Erwartungen nicht und fällt aus allen Wolken, als Strasberg ihn verächtlich anfährt: »Was versuchen Sie uns da zu zeigen?«, nicht ohne hinzuzufügen, dass dies alles mehr »eine Übung und nicht eine Szene« war.

Jimmy ist sehr verlegen. Er gibt keine Antwort und begnügt sich damit, sich den scharlachroten Umhang über die Schultern zu werfen und auf dem Absatz kehrtzumachen. »Ich erinnere mich nicht mehr genau an die Kritik, aber ich weiß noch, dass sie verdammt hart war«, erläutert die Schauspielerin Vivian Nathan. »Lee konnte sehr grob sein, vor allem wenn man Talent hatte. Er war bereit, Mittelmäßigkeit zu tolerieren. Er konnte sogar einen positiven Kommentar dazu geben, weil es ihm egal war. Wenn man aber begabt war, kannte er kein Mitleid. Er wollte aus dir das herausholen, was er in deinem Inneren vorhanden wusste. Eine schludrige Arbeit ließ er nicht durchgehen. Er ist wirklich gemein zu Jimmy gewesen.«

James Dean ist zutiefst verwirrt. »Ich weiß nicht mehr, was ich im Bauch habe«, vertraut er Bill Bast an. »Ich weiß nicht, was vorgeht, wenn ich auf der Bühne bin. Aber jedenfalls: Wenn ich denen erlaube, mich zu zerlegen wie einen Hasen, dann werde ich gar nichts mehr in mir drin haben. Ich werde nicht mehr fähig sein, irgendetwas Gutes zu leisten … Dieser Mann hatte nicht das Recht, so mit mir zu reden. Das war, wie wenn er mich geschlagen und mir die Eingeweide aus dem Leib gerissen hätte. Wie kann man sein Letztes geben, wenn man keine Innereien mehr hat?«

So schwört er in seiner Wut, dass man ihn im Actor's Studio niemals wieder sehen werde. Das macht er zwar nicht wahr, aber tatsächlich ist er in puncto Anwesenheit im Unterricht nicht gerade mustergültig. Doch immerhin wird er eine Szene aus *Der Kaiser Jones (The Emperor Jones)* von Eugene

O'Neill einstudieren. Was Beobachter in Staunen versetzt, ist die auffallend unregelmäßige Dynamik seines Spiels, das einmal eine Anspannung und Verkrampfung bis hin zur Hysterie ausdrückt und sich ein andermal am Rande der Trance bewegt. Man vermerkt auch sein umfangreiches stimmliches und spielerisches Register – eine unglaubliche Leichtigkeit im Wechsel der Intonation und im Übergang zu neuen Gesten. Er wird übrigens mehrere Improvisationen mit Frank Corsara einstudieren.

James Dean hat sich im Lauf der Zeit in New York verliebt. Er mag den typischen Geruch des feuchten Winds, die Möwen, die um die Masten der Schiffe kreisen, welche auf dem Hudson der Landungsbrücke zustreben, das Gehupe, das aus den Schluchten von Manhattan aufsteigt, und den seltsamen Geschmack der Ei-Salat-Sandwiches, die in den Hotelcafeterias verkauft werden. Er liebt es, wenn vor Weihnachten Schnee fällt und die Bürgersteige vom Eis überdeckt sind. Im Sommer fährt er gerne nach Fire Island, wo er Schmetterlinge beobachtet, die in den Sanddünen verenden. Und da New York sicher die Stadt auf der Welt mit den meisten Partys ist, taucht er überall auf und weiß, wie er mit wenig Geld das Nachtleben der Stadt genießen kann.

Er versucht, seine künstlerischen Interessen auszudehnen. Er nimmt Tanzstunden bei der berühmten Eartha Kitt. Als Fan von Percussion-Instrumenten – er spielt Bongo – erweitert er seine musiktheoretischen Kenntnisse. Beraten von Elia Kazan und Lee Strasberg, wird er zum eifrigen Besucher der Broadway-Abendvorstellungen. Er studiert gewissenhaft, verschlingt Unmengen an Lektüre und geht in alle Theaterstücke und Filme, die man gesehen haben muss.

Am Broadway genießt Elia Kazan uneingeschränkte Autorität. Er ist Produzent und Regisseur der meisten großen Erfolge der Nachkriegszeit gewesen und hat Autoren wie Arthur Miller oder Tennessee Williams das verliehen, was er als eine »lyrische Dimension« bezeichnet.

James Dean zeigt sich mit Ausnahme der Kazan-Inszenierungen nur von wenigen Produktionen beeindruckt. Hingerissen ist er allerdings von Carson McCullers *The Member of the Wedding* und von der Theaterfassung von Henry James' *Turn of the Screw.* (Dagegen gefällt ihm Giraudoux' *Undine* überhaupt nicht: »Das ist eine Show«, konstatiert er mit allem Abscheu, dessen er fähig ist.) Es sind diese intensiven Aufführungen, die ein Strahlen in Jimmys Abende bringen, wenn er – auf einen Notsitz gekauert und das Kinn in die Hände gestützt – konzentriert, düster und begierig den »szenischen Explosionen« Elia Kazans beiwohnt. Er ist nicht der Lieblingsschüler in der Talentschmiede des Actor's Studio, doch nichtsdestoweniger ist er der interessanteste Teilnehmer seines Kurses. »Er war ebenso groß durch das, was er verbarg, wie durch das, was er ausdrückte«, wird Lee Strasberg festhalten.

Doch sind die Abende des jungen Künstlers nicht nur vom Theater bestimmt. Er hängt manchmal in den Bars der Third Avenue herum, die die ganze Nacht geöffnet sind, und ebenso in den türkischen Bädern, von denen es in der Umgebung eine Vielzahl gibt: ein beliebter Treffpunkt der Homosexuellen. An einem Abend sitzt ein Matrose hektisch vor einem Spielautomaten und Jimmy wird ungeduldig, weil er vor dem Schlafengehen noch spielen wollte. Das Gerät blockiert und der Schauspieler bietet sich an, es zu reparieren. Der Matrose bedankt sich und sie trinken ein Bier zusammen. Die Nacht endet im Hotelzimmer des Unbekannten und tags darauf fahren sie zum Schwimmen nach Fire Island, dem Gay-Strand von New York schlechthin.

Eine weitere seiner Bekanntschaften ist der Theaterproduzent Lemuel Ayers, ein Freund von Rogers Brackett. Obwohl verheiratet und Vater von zwei Kindern, ist Ayers mehr ein Freund des männlichen Geschlechts. In diesem Sommer 1952 macht er Jimmy das Angebot, ihn für einen zehntägigen Segeltörn zum Cape Cod in die Mannschaft zu nehmen. Jimmy willigt ein, allerdings nicht ohne Bedenken, dass das Angebot unausgesprochen mit gewissen Auflagen verknüpft sein könnte. Manche behaupten später, dass während dieser Reise tatsächlich kurz etwas zwischen ihm und Lemuel Ayers war. Ist es das wert?

Das Paar Ayers, beides Produzenten, die erst seit kurzer Zeit am Broadway arbeiten, präsentiert sich als kühn und innovationsfreudig, indem sie Stücke von Jungautoren aufführen, die gänzlich unbekannt sind oder noch in den Anfängen stecken. »Wir finanzieren hier kein barmherziges Werk«, erklärt Lem Ayers, »sondern wir fördern Dinge, die originell und innovativ sind. Natürlich gehen wir damit große Risiken ein, aber manchmal lohnt es sich, das zu tun.« Und eben deswegen hat Mrs. Ayers vor, zum Ende des Jahres *See the Jaguar* von Richard Wash vorzustellen.

»Ich bin im Actor's Studio und habe noch kein brauchbares Projekt für die nächste Saison«, vertraut ihr Jimmy an, sobald er diese Neuigkeit erfährt. Allein schon die Tatsache, dass er bei Kazan und Strasberg studiert, wirkt wie der beste Empfehlungsbrief. Mrs. Ayers' Eindruck von ihm ist positiv, und da noch eine kleine Rolle unbesetzt ist, beschließt sie, diese James Dean anzubieten, der auf See den halben Tag lang in die Masten guckt und im Stehen träumt.

Der offizielle Vorsprechtermin findet erst im Oktober 1952 statt. Am Abend, als der Test ansteht, leiht sich Jimmy, extrem nervös, ein sauberes Hemd von Bill Bast: »Ich springe einfach ins kalte Wasser, und wenn ich untergehe – Pech gehabt.«

Der Regisseur Michael Gordon hat eine genaue Beschreibung des Geschehens hinterlassen: »Gleich, als ich ihn daherkommen sah, spürte ich, dass dieser Bursche etwas Interessantes an sich hatte. Er war ziemlich jung, machte nicht den Eindruck eines arrivierten Schauspielers und hatte genügend magische Ausstrahlungskraft, um der Rolle die nötige Hintergründigkeit zu verleihen. Das einzige Problem war: Konnte er eine Rolle auch durchhalten?« Gordon reicht Jimmy das Skript und gibt ihm ein, zwei Szenen an, die er von ihm hören möchte. Dann gibt er ihm das Stichwort. »Ich brauchte nicht lange, um zu wissen, dass er der war, den ich seit Monaten gesucht hatte. Alles an ihm entsprach meiner Vorstellung von der Rolle.« Mit einundzwanzig Jahren zählt James Dean nun also zur Besetzung eines Stücks, das am Broadway aufgeführt werden wird. Seine Partner sind Arthur Kennedy und Constance Ford.

Von Beginn der Proben an, die am 20. Oktober starten, gewinnt Jimmy mit seiner Art, sich mit der Figur zu identifizieren, die Achtung des Regisseurs: »Wir mussten den ungewöhnlichen Charakter eines Jugendlichen herausarbeiten, der in einem Universum auftaucht, wo alles fremd für ihn ist – ein Jugendlicher, der gerade auf die Welt gekommen ist, könnte man sagen. Ich habe Dean als Hinweis die Art angegeben, wie Kinder die Welt erforschen, indem sie Dinge betasten und sie in die Hand oder in den Mund nehmen. Er ist wunderbar konstruktiv mit dieser Idee umgegangen und hat das zu einem faszinierenden Bestandteil seiner Rolle gemacht. Seine intuitiven Eingebungen waren wundervoll und er hatte den Mut, sie zu übernehmen. Ich habe ihn niemals im Fernsehen oder im Kino etwas Besseres machen sehen als in *See the Jaguar*.«

Die Proben verlaufen harmonisch. Jimmy hat fast überhaupt keine Bühnenerfahrung, aber das ganze Ensemble nimmt ihn sehr herzlich auf, steht ihm zur Seite und ermutigt ihn. Er spart weder an Zeit noch an Energie, um sich in die Rolle hineinzuversetzen. »Er war ein Prinz«, erinnert sich Constance Ford. »Das war mir auf den ersten Blick klar.«

Nach einer ersten Anlaufzeit im Parsons Theater von New Haven (Connecticut) hat das Stück am 3. Dezember auf der Bühne des Cort Theater am Broadway Premiere. Als der Vorhang sich an diesem Abend in einer Atmosphäre, die zu knistern scheint, hebt, markiert dies das große Broadway-Debüt des jungen Mannes und den wahren Beginn seiner Karriere. Die Lichter sind erloschen, vor ihm liegt der ausverkaufte Saal, Jimmy zittert vor Lampenfieber, Glück und Begeisterung. Er gibt seiner Rolle eine Intensität, die einhellig Anerkennung findet. Er ist intelligent, leidenschaftlich und entschlossen.

Doch technisch ist die Premiere ein Desaster. Ein Tonbandgerät fällt aus und so muss eine Szene ohne Musik fertig gespielt werden; der Requisiteur vergisst, einen für den Handlungsablauf bedeutungsvollen Schuss abzugeben. Es läuft nicht so, wie es soll. *See the Jaguar* wird bereits nach fünf Vorstellungen abgesetzt. Die Gepflogenheiten im amerikanischen Theater verlangen es, dass ein von der Kritik verrissenes Stück zur Schadensbegrenzung sofort aus dem Programm genommen wird. An die dreißig Zeitungen veröffentlichen schlechte Kritiken über *See the Jaguar*, einige andere sind des Lobes voll. In einem sind sich Gegner wie Freunde der Inszenierung einig: Sie sehen in James Dean »einen Stern, der, soeben erschienen, bald aufsteigen wird«. »Hier ist ein Junge, der es verdient, dass man ihn ihm Auge behält«, schreibt die *New York Times*. Und *Variety*, tonangebend in der Theaterwelt, behauptet: »Merken Sie sich diesen Namen: James Dean – Sie werden wieder von ihm hören.« William Hawkins gibt in *World Telegram & Sun* die Beurteilung ab, dass Jimmy »mit der Rolle des Idioten gut zurechtkommt«. John Chapman findet sein Spiel »exzellent«, und Walter Kerr, der berühmte Kritiker der *Herald Tribune*, fügt hinzu, dass er »eine außergewöhnliche Leistung in einer Rolle, die zu spielen praktisch unmöglich ist«, gezeigt hat.

Die letzte Vorstellung wird am 6. Dezember 1952 gegeben. Doch für James Dean ist dies keine Niederlage: Er ist auf dem richtigen Weg. Ein viel versprechendes Jahr 1953 scheint sich für ihn anzukündigen. Er fühlt sich nun stark und motiviert genug, um auszuziehen, neue Rollen zu erobern, Manuskripte und Drehbücher zu lesen, die Zeit für jeden nur möglichen Vorsprechtermin zu finden und sich überall zu zeigen, wo man gesehen werden sollte.

Das Enfant terrible

Da Jimmy nun besser verdient, kann er sich endlich allein ein Zimmer im Hotel Iroquois nehmen, einen winzigen Raum, dessen Wände bald hinter seinen Bücherregalen und Gedichten von Baudelaire, Rimbaud und Verlaine, die er an die Wand pinnt, verschwinden. In dieser Zeit bittet ihn der Fotograf Roy Schatt, der bei der Generalprobe von *See the Jaguar* gefunden hat, dass er etwas ganz Besonderes ist, in seinem Atelier für eine Porträtserie zu posieren.

»Aber ich habe nichts von einem Coverboy an mir!«, meint der Schauspieler erstaunt.

»Sie haben viel mehr als das, was alle Coverboys der Welt zusammen genommen haben könnten. Ihr Gesicht ist eines der faszinierendsten, die ich kenne.«

Dieses Gespräch markiert den Beginn einer dauerhaften Freundschaft. Von jener Entdeckerfreude getrieben, die ihn in seinen guten Phasen zu einem Allroundtalent macht, begnügt sich James Dean nicht damit, einfach Modell zu sitzen. Er muss auch lernen, sich einer Rolleiflex oder einer Leica wie ein Reporter zu bedienen oder mit einer Kamera wie ein Filmemacher umzugehen. »Er stellte mir wahnsinnig viele Fragen, wenn ihm danach war«, erinnert sich der Fotograf. »Und dann hatte er es über, er ließ die Sache, und wir sprachen von seinen Lieblingsthemen – Stierkämpfen und Motorradrennen. Er machte eine Menge Aufnahmen, aber er war zu faul, sie zu entwickeln, und dann hob er entmutigt mit so einer typischen James-Dean-Geste die Arme.«

Auch dies vermerkt Roy Schatt in seinem Buch über den Schauspieler: »Wenn er sich ausruhte, blieb ein Teil von ihm trotzdem immer wachsam. Er wirkte, als ob er auf etwas lausche, das niemand außer ihm hören konnte. Manchmal schien er in den leeren Raum hinein zu sinnieren, als ob er sich mit seiner Zukunft vertraut machte.«

Schatt wird Hunderte Fotos von Dean machen: »Es war spaßig, miteinander spazieren zu gehen, aber er machte immer irgendeine Story aus egal was, zum Beispiel darüber, was an seinen Klamotten originell sei. Ich hatte den Eindruck, er schreibt seine Autobiografie im selben Moment, wo er lebt.« Auf einem von Roys Foto beißt Jimmy auf seinen Fingern herum, sein Haar ist kurz geschnitten; hinter ihm wirft ein Vorhang einen beunruhigenden Schatten. »Ich habe während Fernsehproben Fotos von ihm gemacht. Für dieses hier habe ich ihn gebeten, sich dort zu platzieren, und da er einen Cowboy spielte und seine Finger geschmeidig machen wollte, um die Waffe schneller ziehen zu können, hat er auf seinen Fingern herumgekaut.«

Manchmal grenzt sein Verhalten an Provokation. Eines Abends steht er splitternackt vor der Tür des Fotografen, und als Schratt ihn schnell hereinzieht, um ihn vor den Blicken der Nachbarn zu verbergen, lässt er sich ausgestreckt nieder »wie eine dieser Odalisken aus der westeuropäischen Malerei, von denen in Bars Reproduktionen hängen – eine Hand schützend über dem Geschlecht, die andere quer über der Brust, glucksend wie eine verschreckte Jungfer …« Exhibitionistische Anwandlungen dieser Art sind es, die Roy Schatt veranlassen, sich über Deans Sexualität

Gedanken zu machen. »Ist Jimmy schwul oder bisexuell?«, schreibt er. »Es könnte sein. Er strebt ja immer nach Extravaganz und will bewusst zu allem Banalen auf Abstand gehen.«

Der junge Schauspieler findet im übrigen Spaß daran, ein Verwirrspiel zu betreiben, und so zeigt er sich in der Öffentlichkeit mit Arlene Lorca, einer hübschen Brünetten mit Mandelaugen. Die Szene ihres Kennenlernens könnte aus einem Stück von Neil Simmons stammen: Jimmy hält sich im Museum für Moderne Kunst auf, wohin er manchmal geht, um in Ruhe seine Rollen einzustudieren. Er kennt die Abteilung für Kleinplastik noch nicht. Ein »Bitte nicht berühren«-Schild soll die Hände Neugieriger von den Skulpturen abhalten, und doch lässt er halb unbewusst die Finger über eines von Giacomettis spindeldürren Geschöpfen gleiten.«

»Ssst!«, hört er.

Und er sieht eine Frauenhand, die das Verbotsschild in sein Blickfeld schiebt.

»Warum machen Sie das?«

»Weil ich Ihnen ersparen will, rausgeworfen zu werden und Hausverbot zu bekommen.«

»Oh!«, ruft er.

Und darauf – in solchen Gedankensprüngen ist er Meister –:

»Mögen Sie Bartók?«

»Sehr.«

»Und Saint-Exupéry?«

»Leidenschaftlich gern. *Der Kleine Prinz* ist eines meiner Lieblingsbücher.«

»Das trifft sich gut! Und italienische Küche?«

»Wahnsinnig gerne!«

»Womit beschäftigen Sie sich noch, neben moderner Kunst?«

»Ich spiele Drei-Minuten-Rollen in Werbespots. Im Fernsehen. Und Sie?«

»Ich versuche eine Rolle zu bekommen.«

So beginnt eine hübsche Romanze, die an dem Tag zu Ende sein wird, als Jimmy New York verlässt. Was auf den ersten Blick an dieser Geschichte verwunderlich erscheinen mag, ist das vollkommene Fehlen all dessen, was eine Leidenschaft kennzeichnet: Trennungsschmerz, Zerwürfnisse, Gewissensbisse, Versöhnungen. Kein Kummer, keine Herzensqualen, sondern eine ungetrübte und friedliche Gemeinschaft. Ein gleich bleibendes gegenseitiges Interesse, das weder abkühlen noch wieder aufflammen kann.

Als Arlene Lorca später von diesem Liebesabenteuer erzählt, macht sie eine eigenartig ironische Aussage: »In New York waren die Homosexuellen wie wild hinter Jimmy her. Sie überschütteten ihn mit Geschenken und mit Empfehlungen an Leute in einflussreichen Positionen, die unter Umständen einträgliche Jobs für ihn finden konnten. Das irritierte ihn sehr: ›Was habe ich an mir, das sie so anzieht?‹, fragte er sich. ›Ich kann draußen keinen Schritt tun, ohne dass diese Meute mir auf den Fersen ist. Ich bin ein Mann, aber wenn sie mit ihrem Spiel so weitermachen, dann weiß ich bald nicht mehr, ob ich einer bin.‹«

Mit Arlene fährt er öfters nach New Jersey in einen riesigen Vergnügungspark, der auf hohen grauen Klippen angelegt ist. Er nimmt seine Freundin mit auf die Achterbahn mit und sie lernt dort, was Angst und Ausgelassensein bedeuten. Er selbst kennt keine Furcht. Dann machen sie sich am liebsten noch vor Einbruch der Dämmerung auf den Rückweg und fahren mit den vielen anderen Ausflüglern an diesen Sommersonntagen nach New York zurück. Jimmy fährt nicht zu schnell, für eine gewisse Zeit ist er vernünftig geworden.

Dank Arlene Lorca und der Agentin Jane Deacy mehren sich nun im Jahr 1953 die Engagements. In dieser Zeit macht er die Bekanntschaft des Komponisten Leonard Rosenman, der die Filmmusik zu *Jenseits von Eden* und *… denn sie wissen nicht, was sie tun* schreiben wird. Dieser erzählt: »Ich komponierte an der Musik zu einem Stück. Man hatte mir Jimmy als einen etwas seltsamen Jungen vorgestellt – sagen wir, einer, der auf einem Nagelbrett schläft oder so was in der Art. Eine Woche später kam er mitten in der Nacht und klopfte an meine Tür. Er war in Motorradkluft und ich habe ihn nicht gleich erkannt. Er stellte sich vor und fragte mich, ob ich Lust hätte, ihm Klavierspielen beizubringen! Wir sind sehr gute Freunde geworden.«

Am 8. Februar 1953 bekommt Jimmy eine bedeutende Rolle in einer Folge der Serie *You Are Here*. Im März arbeitet er nicht, aber ab April folgt ein Engagement nach dem anderen fürs Fernsehen. Die anderen Fernsehschauspieler können ihn nicht leiden oder sehen vielmehr eine Bedrohung in ihm, denn er ist jung, gut aussehend und hat eine angenehme und männliche Stimme, die sehr gut trägt.

»Einmal«, erinnert sich sein Freund Martin Landau, »verkörperte er einen Gefangenen auf dem Gang zur Hinrichtung. Er wollte sich doch tatsächlich auf die Kamera erbrechen! Man sagte ihm, das sei nicht möglich, weil die Folge abends zur Essenszeit ausgestrahlt werde. Darauf fragte er, ob es ginge, dass er ein Erbrechen gerade so zurückhielte? Man antwortete ihm, nein, das dürfe er auch nicht. Ich habe nie herausbekommen, ob er sich eigentlich Gedanken machte, wie es den Leuten dabei geht, oder ob ihm das egal war.«

Im November kommt er an seine wichtigsten Engagements: Er erhält seine erste Hauptrolle in *A Long Time Till Dawn*, einer Ausgabe des populären TV-Programms *Kraft Television Theatre*, darauf folgt eine Fernsehinszenierung des Stücks *Harvest*, bei der James Sheldon Regie führt. Vaughn Taylor und Dorothy Gish sind Deans Partner.*

»In *Harvest* spielte er die Rolle eines sehr brutalen jungen Mannes, den die Erlebnisse seiner Kindheit verfolgen«, erzählt Martin Landau. »Die Schauspieler hatten noch eine Stunde Zeit, bevor sie für das Stück, das live übertragen wurde, aufs Set mussten. Jimmy war an dem Tag sehr deprimiert, weil er nicht den richtigen Ansatz fand, um die Figur zu spielen. Wir gingen in eine Bar und er bestellte drei Doppelte. Ich versuchte, ihn zu ermutigen. Er hatte die Angewohnheit, die Spitze seines Hemdkragens in den Mund zu stecken und daran zu knabbern. Ich sagte zu ihm: ›Du brauchst ja nur dauernd das zu machen – als ob es die Brust deiner Mutter wäre.‹

Er schaute mich an und antwortete nur:

›Bis gleich.‹

---

* In *Variety* wird zu lesen sein: »Ein neues Gesicht, mit dem man sich näher beschäftigen sollte: James Dean. Er verfügt über eine so magnetische Ausstrahlung, dass sofort jede Routine vergessen ist. Eine große Karriere dürfte ihm sicher sein.« Der Regisseur wird dem Produzenten gegenüber sogar erklären: »Dieser junge Mann hat mich beeindruckt. Ich nehme an, alle, die mit ihm gespielt haben, haben dasselbe wie ich empfunden. Ich bedauere, dass ich zu alt bin, um ihn noch zu sehen, wenn er einmal auf dem Höhepunkt seiner Karriere stehen wird. Er wird sicher einer der größten Schauspieler unserer Zeit. Menschen wie er sind der Stolz unserer Branche.«

Ein wenig später saß ich noch in der Bar und dachte überhaupt nicht mehr an ihn, als ich zufällig zum Fernseher hochblickte. Ich sah Jimmy. Es war fantastisch! Jedes Mal, bevor er explodierte, knabberte er auf seiner Kragenspitze herum. Jedes Mal, wenn er sie in den Mund steckte, gab es gleich darauf Gewalt. Und dann die Szene mit seiner Freundin … Er sprach mit ihr, während er immer näher auf sie zukam, um sie zu küssen, und schob sich die Kragenspitze in den Mund. Die Leute um mich herum waren fasziniert. Sie vergaßen darüber zu essen und zu trinken.«

Jane Deacy kann mit ihrem Schützling zufrieden sein. Sie hatte sofort erkannt, dass seine Stärke gerade in seiner weder ganz jugendlichen noch ganz erwachsenen Art lag, an der sich die anderen Agenten und Produzenten gestört hatten. Sie schlägt ihn nun immer öfter gezielt für Rollen vor. Die Angebote folgen nun eines nach dem anderen und sind sich alle ähnlich. Allmählich scheint es, dass in jedem Stück, in jeder Krimiserie und jeder Fernsehproduktion eine Figur vom Genre »junger, rebellischer und etwas gewalttätiger, aber sehr romantischer Außenseiter« vorkommt. Solche Gestalten entsprechen dem damaligen Zeitgeist. Eine neue Generation von Drehbuchautoren und Regisseuren versucht, die gärenden Prozesse im Amerika der 50er-Jahre zum Ausdruck zu bringen. Jimmy ist für diese Stimmung der Auflehnung die passende Identifikationsfigur. Er hat genau die richtige Persönlichkeit, um die verletzliche und frustrierte Jugend zu repräsentieren und ihr Unbehagen zu verkörpern.

Wie man aus den Fernsehspielen erkennen kann, die zusammen auf zwei DVDs unter dem Titel *James Dean: The Rare Movies* erhältlich sind, schwanken die Leistungen des Schauspielers bei seinen Arbeiten fürs Fernsehen beträchtlich. Bei den unter Hochdruck wie am Fließband produzierten Fernsehspielen kommt es entscheidend auf ein gutes Drehbuch und einen guten Regisseur an. Man muss bedenken, dass Dean ein Schauspieler ist, der gerne experimentiert. Bei Proben spielt er eine Szene zur Verzweiflung und häufig auch zum großen Ärger seiner Kollegen nie ein zweites Mal auf die gleiche Weise. Ein erfahrener Regisseur wird ihm die Möglichkeit geben, eine Rolle zu erforschen, er wird seine verschiedenen Ansätze beobachten und ihm zurufen, sobald er den richtigen Ton gefunden hat. Ein unprofessioneller Regisseur dagegen wird ihn zu stark bremsen oder aber zu weit auf Abwege gehen lassen, sodass er seine Interpretation schließlich kaum mehr in das restliche Werk einbinden kann.

Mit seiner Brille, seinen Jeans, seiner außerordentlichen Empfindlichkeit und seinen mürrischen Stimmungen hat es James Dean nicht leicht, in der kleinen biederen Welt der Fernsehstudios von den Kollegen als einer der ihren akzeptiert zu werden. Es scheint, dass seine Gegenüber auf dem Set in derselben Weise reagieren wie seine Freunde und Feinde draußen: Entweder sie lieben ihn oder sie hassen ihn. Mary Astor, seine Kollegin in einem Fernsehspiel, erinnert sich an die gutwillige Nachsicht, die der Regisseur James Dean gegenüber während den Proben walten ließ:

»Jimmy stand in einer Szene höchstens zwei Meter von mir entfernt, aber ich hörte kaum, was er sagte, und das, was ich hörte, schien sehr wenig Bezug zu dem zu haben, was im Drehbuch stand. Ich schaute zur Kabine hoch und hob meine Hände mit einer Geste, die bedeuten sollte: Hilfe!

›Was fehlt, Mary?‹, fragte mich der Regisseur durch den Lautsprecher mit einer Stimme, aus der man deutlich die Ungeduld heraushörte.

Paul Lukas – er war ein hervorragender Schauspieler – antwortete:

›Was fehlt, ist, dass wir nicht wissen, was er sagt und wann er was machen wird und wo er stehen wird und vor allem, ob er überhaupt irgendetwas sagen wird.‹

Ich konnte Paul seinen Ärger nachfühlen. Wir bekamen über den Lautsprecher die Antwort:

›Nichts zu machen, Freunde. Das ist nun mal die Art, wie Jimmy arbeiten muss. Macht das Beste draus.‹«

Dean erhält zweihundert bis dreihundert Dollar pro TV-Film, keine schlechte Gage, wenn man bedenkt, dass die Arbeit, Proben inbegriffen, lediglich vier oder fünf Tage in Anspruch nimmt. Aber er ist unfähig, sein Geld zusammenzuhalten. Jane Deacy nimmt die Sache in die Hand und teilt ihm jede Woche einen gewissen Betrag zu wie einem Heranwachsenden sein Taschengeld. Jedes Mal, wenn er zusätzlich etwas braucht, muss er sie nur darum bitten. So kann er sich schließlich ein Motorrad leisten, eine Triumph 500, mit der in einem Höllentempo durch die Gegend rast, häufig ein hübsches Mädchen hinter sich auf dem Soziussitz.

Da sich sein Einkommen nun deutlich verbessert hat, gibt er sein Hotelzimmer auf und zieht in eine kleine Wohnung an der Sechsundfünfzigsten Straße West, wo er eine Zeit lang bei einem Airline-Piloten zur Untermiete wohnt.* Dann fin-

---

*In einem Brief an eine Freundin spielt er auf die sexuelle Neigung dieses Mannes an: »Ich bewohne das Appartement von einem Typen, der nach London abgedüst ist … per Flugzeug! Er ist Bordkommandant bei der TWA. Er ist kein Vampir. Auf jeden Fall nicht ganz. Ich muss unbedingt morgen ausziehen. Er kommt zurück. Ich bin sicher, dass er mich als ein potenzielles Opfer ansieht.«

det er eine Wohnung in der Achtundsechzigsten Straße West inmitten eines Stadtteils, den er gut kennt und den er mag. Der Regisseur Nicholas Ray beschreibt den Ort so: »Kein Aufzug. Ein ziemlich großes, einfach möbliertes Zimmer, mit zwei Bullaugenfenstern, einer Schlafcouch, einem Tisch und einigen zusammengewürfelten Stühlen und Hockern. An der Wand ein Stierkampfposter, Capas und Stierhörner. Überall Stöße von Büchern und Schallplatten: afrikanische Stammesmusik, afrokubanische Tanzmusik und Vocals, klassischer Jazz, Jack Teagarden, Dave Brubeck, aber auch Haydn und Berlioz …«

Aus dieser Zeit stammt dieser Brief Jimmys an einen Freund: »Ein Schauspieler muss das Leben interpretieren – das ist es, was ich um alles in der Welt erreichen möchte. Damit er das kann, muss er bereit sein, jede Erfahrung anzunehmen, die ihm das Leben bietet, eigentlich muss er das Leben sogar um mehr bitten, als es ihm von selbst schenkt. In der kurzen Zeitspanne, die sein Leben dauert, muss ein Schauspieler alles lernen, was es zu wissen gibt. Und alles ausprobieren, was es auszuprobieren gibt.«

Es scheint, dass er diese Devise auch in Bezug auf sein Sexualleben anwendet. Walter Ross hat die Biografie des Schauspielers zu einem Roman mit dem Titel *The Immortal* verarbeitet. Ross lässt in dieser Geschichte eine Freundin von James Dean eines Morgens bei ihm aufkreuzen und ihn mit einem Mann im Bett vorfinden. Jimmy selbst hat einmal einem neugierigen Frager, der wissen wollte, ob er »so« ist, geantwortet: »Ich laufe mit Sicherheit nicht herum und binde dabei eine von meinen beiden Händen hinter dem Rücken fest!« Er will alles ausprobieren, tut aber kaum irgendwelche Äußerungen, aus denen ganz klar hervorginge, ob er sich als homosexuell empfindet oder ob alles nur ein Spiel ist. Der Bildhauer William Fox erinnert sich an einen Abend mit ihm und der Schauspielerin Geraldine Page in einem Café:

»Plötzlich schaute er Geraldine an und platzte heraus: ›Ich gehe jetzt und lasse mich brennen.‹

Da sie offensichtlich nicht verstand, was er meinte, erklärte er ihr, dass es an der West Side gewisse Bars gebe, wo man sich Zigaretten auf dem Leib ausdrücken lassen konnte, wenn man auf so etwas stand. Geraldine war sehr verlegen.«

Fox dazu: »In Wirklichkeit setzte er keinen Fuß in die Schwulen-Bars der West Side. Es war reine Provokation. Es machte ihm Spaß, die Leute zu schockieren. Ich habe keine Brandmale gesehen, als ich Skizzen von ihm machte, obwohl ich praktisch seinen ganzen Körper sah.«

Wie es zu gewissen Spekulationen über James Deans Fantasien kommen konnte, erklärt ein Bekannter: »Es gab einen Maler, dem es wohl gefallen hätte, wenn James Dean ihm brennende Zigaretten auf dem Leib ausgedrückt hätte. Nicht, dass Jimmy nicht fähig gewesen wäre, so etwas – hm, sagen wir, einfach mal auszuprobieren, aber diese Sadomaso-Sachen, um sich sexuell zu erregen, waren überhaupt nicht seine Art. Er hatte so ein paar kleine Obsessionen, so ein paar verrückte Ideen, aber die waren viel konventioneller. Eines Tages zeichnete er einen Aschenbecher in menschlicher Gestalt, ich vermute, dass das Gerücht da seinen Ausgang nahm. Er fertigte häufig Zeichnungen an, die etwas gewagt waren. Er rauchte viel, genauso wie ich. Am Morgen ähnelte die Wohnung einem Kohlenkeller. Wenn man aufwachte, stank es nach Zigaretten und Aschenbechern. Er zeichnete einen Aschenbecher mit Auswüchsen, die den Kopf, die Arme und den Oberkörper eines Mannes darstellten. Das war der »menschliche Aschenbecher«. Der Kopf hatte ein Loch und eine Zigarette steckte ihm im Mund.«

Jimmy kümmert sich nicht um Tabus oder Zwänge. Seine Maxime ist: »Das Leben ausschöpfen bis auf den Grund« – und das macht er in diesem Jahr 1953.

»Eines Abends«, erinnert sich sein Freund Bill Gunn, »waren wir bei einem Mädchen. Wir hatten Musik aufgelegt und tranken Wein aus Pappbechern. Jimmy rief an:

›Was macht ihr gerade?‹

– ›Gruppensex.‹

›Ha, ha!‹

– ›Doch, wirklich!‹

›Moment, ich bin gleich bei euch!‹

Wir beschlossen, so zu tun, als fände wirklich eine Orgie statt. Die Jungs zogen ihre Hemden aus, die Mädchen ihre Korsagen, und wir schlüpften unter die Decke. Dean läutete an der Tür, und ein Mädchen rief ihm zu, er solle eintreten. Es gab nicht viel Licht im Zimmer. Wir lagen alle ausgestreckt und taten so, als ob wir heftig zugange wären. Er sah sich das kurz an, dann machte er seine Hose auf und rief: ›Okay! Los geht's!‹«

Anziehung, Liebe und Abhängigkeit – mit dieser ganzen Gefühlswelt kommt Jimmy schlecht zurecht. Bill Bast beschreibt die ständig wechselnden Frauenbekanntschaften seines Freundes: »Er stieß bei der Agentur Schurr oder bei Walgreen oder bei Cromwell's auf ein neues Gesicht und beschäftigte sich dann einige Stunden oder sogar einen Tag mit dem Mädchen. Überall, wo er war, war er in Begleitung, ob bei seiner Agentin, bei Interviews, bei Proben, beim

Abendessen, beim Spazierengehen oder in seinem Zimmer.«

Seine Wohnung wird zum Treffpunkt der jungen Broadway-Schauspieler. Er führt ein intensives Liebesleben. Junge Frauen und Männer ohne Zahl sind Besucher an der Achtundsechzigsten Straße im Haus Nummer neunzehn. Er durchlebt eine Phase der Maßlosigkeit. Jeder Moment des Lebens wird zum Abenteuer, zu einer Art Entdeckung – so als ob er, plötzlich von den Ängsten befreit, die New York bei ihm ausgelöst hat, die verlorene Zeit hereinholen wolle. An alles geht er mit derselben unstillbaren Leidenschaft heran: an Mädchen, Jungen, Bücher, Theater, Film, Tanz, Musik und Philosophie, vor allem aber an seinen Beruf. »Lernen – von allen Dingen und jeder Person. Ich will keine halben Sachen machen. Ein Schauspieler muss alles kennen. Es gibt viele Dinge im Leben, die schwierig zu erklären sind und die aber unvermeidlich sind. Man muss sie nehmen, wie sie kommen. Ich glaube, ein jeder kann sein eigenes Schicksal sehr stark beeinflussen. Und inzwischen will ich so intensiv wie nur möglich leben. Ich will die Dinge bis auf den Grund erforschen, bis zur Wurzel vordringen«, äußert er gegenüber seinem Freund Martin Landau.

Die Aufzeichnungen des Komponisten David Diamond, den Jimmy in dieser Zeit kennen lernt, vermitteln eine recht gute Vorstellung von Deans Persönlichkeit, da Diamond eine sehr sensible Beobachtungsgabe hat. In Diamonds Tagebuch steht unter dem 22. Februar 1953 folgender Eintrag: »Man hat mir einen faszinierenden jungen Schauspieler vorgestellt. Er sagt, dass er bei Kazan im Actor's Studio ist. Sehr gut aussehend, nicht sehr groß, muskulös. Er hat eine provozierende Art, einen anzusehen und dann plötzlich zu lächeln. Er scheint ein echter Einzelgänger zu sein.« Schnell entwickelt sich eine Freundschaft zwischen den beiden Männern. Der Musiker, der eine Zeit lang in Deans Nachbarschaft wohnt, notiert am 7. März: »Jimmy möchte, dass ich etwas für ihn komponiere. Er hat eine reizende Art, den Blick zu senken und einen dann intensiv anzuschauen, während ein Lächeln auf sein Gesicht tritt, mit dem er einen in der Hand hat. Er ist unwiderstehlich.«

Jimmy findet durch Davids Anregungen Gefallen am Besuch klassischer Konzerte. An einem dieser Abende macht David Jimmy mit dem Dramenautor Edward Albee und dessen Partner in der Kunst, dem Komponisten Bill Flanagan, bekannt. Diamond beobachtet: »Jimmy konnte sehr scheu sein. Er hatte etwas unendlich Verlassenes an sich. Es kam vor, dass er weinte.« Über die Sexualität des Schauspielers befragt, erzählt Diamond ein wenig doppeldeutig unter anderem: »Er beklagte sich immer über Nackenschmerzen und ich massierte ihm oft den Nacken im Takt der sechsten Symphonie von Tschaikowsky, die wir beide gern hörten. Im Zimmer oder in der Badewanne habe ich ihn öfters ganz nackt gesehen. Er schien niemals einen Bart zu haben oder vielleicht rasierte er sich sehr sorgfältig. Zwischen uns gab es nie eine sexuelle Annäherung, wenn Sie darüber hinwegsehen, dass er manchmal eine leichte Erektion bekam, wenn ich ihn massierte. Von ihm ging eine starke sinnliche Aura aus, die aber etwas sehr Reines an sich hatte. Selbst wenn er schwitzte, roch er gut.«

In derselben Zeit schließt Jimmy Bekanntschaft mit Barbara Glenn, deren Äußeres ihn an seine Mutter erinnert. Sie lernen sich bei Cromwell's im Coffee-Shop kennen und die junge Frau fühlt sich auf Anhieb zu dem Mann mit dem melancholischen Blick hinter den dicken Brillengläsern hingezogen, dessen eckige und heftige Gesten einen so eigenartigen Kontrast zu der Zerbrechlichkeit und Sanftheit bilden, die er ansonsten ausstrahlt. Auf sie wirkt er wie »ein kleiner Junge, ausgehungert nach Liebe und Anerkennung, ein kleiner Junge, der nach Händen Ausschau hält, die sich ihm aus einer gleichgültigen Menge heraus entgegenstrecken.« Barbara vertraut uns an: »Er schien so anders als die anderen. Ich weiß nicht, wie ich es beschreiben soll. Da war diese Verschlossenheit. Gleichzeitig war er unendlich lernbegierig. Er versuchte über alles zu diskutieren, häufig ein bisschen ungeschickt.«

Obwohl Barbara Motorräder hasst, willigt sie ein, Dean bei seinen wilden Fahrten auf seiner Triumph 500 zu begleiten. Er fährt mit ihr kreuz und quer durch New York und Barbara schreit ihre Lebensfreude in den Wind hinaus. Wenn er einen schlechten Tag hat, setzt er sich ebenfalls aufs Motorrad, um alles zu vergessen, und fährt weit hinaus auf die Überlandstraßen, wo er alles aus der Maschine herausholt. Stundenlang jagt er das lange Asphaltband entlang, das sich am Horizont verliert. Fahren, fahren, bis man nichts mehr spürt als die pure Lust der Geschwindigkeit, und bis das Leben selbst aus nichts anderem mehr besteht als dieser Lust …

Doch außerdem beschäftigt Jimmy auch seinen Geist mit intensiver Lektüre. Er liest Kafka, T. E. Lawrence und Hemingway, der ihn mehr als jeder andere Schriftsteller fesseln kann. Man sieht ihn häufig in Greenwich Village. Er nimmt so oft wie möglich an privaten Filmvorführungen teil und durchstöbert die Kinematheken nach Unbekanntem. Auf diese Weise hat er Gelegenheit, einige französische

Filme mit Gérard Philipe, Harry Baur und Jean Gabin zu sehen.

Ein anderer enger Freund aus dieser Zeit ist der Schauspielschüler Jonathan Gilmore, den er über einen gemeinsamen Freund im Drugstore an der Vierzigsten Straße West kennen lernt. Gilmore ist jung, gut aussehend und bewegt sich mit fast femininer Eleganz. Er gefällt Jimmy sofort, zumal sie eine gemeinsame Leidenschaft haben: den Stierkampf! Die Wochen vergehen und immer wieder laufen sich die beiden jungen Leute über den Weg. Bald treffen sie sich zu einem gemeinsamen Kinobesuch, und da sie beide Fans von Montgomery Clift sind, sehen sie sich *Ein Platz an der Sonne* gleich drei Mal hintereinander an und diskutieren ihre Eindrücke hinterher bei einem Kaffee. James Dean ist in seiner Begeisterung über Clifts Spiel unerschöpflich. Er erzählt Jonathan, dass er seit einiger Zeit eine Theorie ausarbeitet: Ein Schauspieler müsse alles, was er in seinem eigenen Leben gelernt habe, mit seiner Kenntnis der verschiedenen Kunstgattungen – Tanz, Literatur, Musik, Malerei – kombinieren. Diese Informationen müsse er dann mit Hilfe seines Körpers so gebündelt weitergeben, dass eine wirklich inspirierte Interpretation entstehe.

In dem Buch, das Gilmore über seinen Freund geschrieben hat, beschreibt er die gegenseitige Anziehung, die sie sehr bald füreinander empfanden. »Es war wie elektrische Entladungen – der Funke sprang fast wahrnehmbar über. Bei Jimmy erweckte ich Assoziationen mit dem Dichter Rimbaud und das zog ihn an.« Dean merkt, dass er Jonathan ebenso neugierig macht wie dieser ihn selbst. Er hat schon genügend Männer gekannt, um zu wissen, wann einer von ihnen auch für mehr zugänglich ist. Als sie gemeinsam mit

James Sheldon zum Abendessen in ein Restaurant in der Nähe von Jonathans Wohnung gehen, findet Jimmy nichts Besseres zu tun, als seine Hand unter dem Tisch auf Gilmores Hosenschlitz zu platzieren. Einige Tage danach macht er bei Jonathan nach einer Abendeinladung in dessen Wohnung Annäherungsversuche. In sinnlichem Ambiente mit Kerzenlicht und der Filmmusik aus *Endstation Sehnsucht* kommen sich die beiden Männer näher. Nach diesem Abend wird Jimmy Gilmore noch mehrere Male sehen.

Auch wenn sie im weiteren Distanz halten, herrscht immer noch ein gewisses Knistern zwischen ihnen. Eines Abends lädt Jimmy Jonathan ein, in Jerry's Bar vorbeizuschauen, um Barbara Glenns Bekanntschaft zu machen. Gewöhnlich erlaubt er seinen Freunden nicht, sich gegenseitig kennen zu lernen, aber an diesem Abend macht er eine Ausnahme. Es ist beinahe so, als wolle er Gilmore eifersüchtig machen, indem er ihm Barbara vorstellt. Es gelingt ihm übrigens tatsächlich, ungute Stimmung zu provozieren, da die junge Frau nicht aufhört, dem Unbekannten den ganzen Abend lang Blicke zuzuwerfen, um dahinter zu kommen, welche Art von Beziehung wohl zwischen den beiden Männern besteht.

James Dean entwickelt manche Fantasien, die Gilmores Ansicht nach nur Homosexuelle haben und auch ausleben. Eines Abends überredet er Jonathan, ihn zu einer Party nach Greenwich Village zu begleiten, wobei dieser sich als seine Freundin ausgeben soll – mit anderen Worten, er fordert ihn zu einer Travestie auf. Er denkt sich eine sehr theatralische Streitszene aus, in deren Verlauf er so tun wird, als entdecke er gerade, dass seine Braut in Wirklichkeit ein Mann ist. Alles am Ablauf dieser Episode ist darauf ausgelegt, die Gäste zu schockieren, um deren Vorstellungen darüber, was »männlich« und was »weiblich« ist, zu erschüttern.

Jimmys Eigenwilligkeit verärgert manchmal seine Freunde. So ist er fähig, bei ihnen aufzukreuzen und – kaum, dass er einen kurzen Gruß herausbringt – auf den Kühlschrank zuzusteuern und sich dort ausgiebig zu bedienen, bevor er ohne ein Wort wieder verschwindet. Während eines Gesprächs mit einer Produktionsleiterin schläft er ein und danach ist literweise Kaffee nötig, um ihn wach zu halten. Für sein Zuspätkommen ist er berühmt-berüchtigt und er kann die Regisseure damit zum Wahnsinn treiben. Einmal versäumt er sogar eine Kostümprobe. Er ist ganz einfach in einen Coffee-Shop gegangen und hat seinen Probentermin vergessen.

Die Menschen, die ihn in dieser Zeit erlebt haben, behaupten, er habe eine Vorahnung gehabt, dass er nicht lange leben würde, und habe so viele Erfahrungen wie möglich machen wollen. Tatsächlich lebt er in einem wahnwitzigen Tempo. Wo er sich einsetzt, tut er es mit Leib und Seele. Nichts zählt für ihn als jenes Absolute, das er niemals erreichen wird. Er braucht alles. Sofort. Nur das Theater und das Publikum können die Flamme schüren, die in seinem Inneren brennt. Es sieht danach aus, dass er diesen inneren Kampf bis ans siegreiche Ende führen wird – und dass er dabei allein sein wird. Er wird die Unvollkommenheit menschlicher Liebe niemals ertragen. Eine seiner Freundinnen sagt sogar: »Wenn ich in einem Raum mit ihm war, hatte ich immer den Eindruck, dass er gleich das Fenster öffnen und wie ein Vogel davonfliegen würde.«

Er studiert die Geschichte Roms und begeistert sich für Hypnose. Er versucht sich auf Coney Island im Fallschirmspringen und belegt einen Kurs über Theologie – lauter Erfahrungen, die er für seine Kunst als nützlich betrachtet! Er hat auch die irritierende Angewohnheit, alle, die ihn langweilen oder stören, einfach zu ignorieren – eine für ihn sehr typische Art, Kontakte, die ihm lästig sind, abzuwehren. Mit der Zeit ist er weniger und weniger bereit, auf andere einzugehen. »Ich hatte den Eindruck, dass es für ihn nötig war, die Dinge aus einem solchen Blickwinkel zu sehen, dass er immer wieder zu sich selbst zurückgeführt wurde«, kommentiert Jonathan Gilmore. »Abrupt, wie er einen Gegenstand fallen gelassen hätte, wandte er sich auch von einem Problem oder von einer Person ab. Er schien mir fähig zu sein, sich für eine Person genauso schnell zu begeistern, wie er über eine Skulptur, ein Gedicht oder eine Rolle ins Schwärmen geriet, und dann – war sein Interesse wie weggeblasen.«

»Jimmy verpasste Leuten, die von ihm begeistert waren, gerne eine kalte Dusche«, erläutert Barbara Glenn. »Er hatte sicher seine Gründe dafür, aber das war nicht leicht zu verkraften. Wir waren alle Kriegskinder, alle ein wenig verloren und auf der Suche nach denselben Dingen. Wir begannen zu der Zeit gerade, die Moralprinzipien der Elterngeneration in Frage zu stellen. Innerhalb unserer Verweigerung gegenüber den alten Klischees hat James Dean eine wichtige Rolle gespielt. Er machte den Leuten Angst, weil er scheinbar ungerührt zusah, wie das, worauf unsere Väter den meisten Wert gelegt hatten, verloren ging.«

Der Immoralist

In der nächsten Zeit bietet sich James Dean eine einmalige Gelegenheit: Er soll an der Seite Louis Jourdans und Geraldine Pages in einer namhaften Bühnenbearbeitung von André Gides *Der Immoralist* spielen. Seine Rolle? Ein junger homosexueller arabischer Diener. Eine heikle Aufgabe, aber Jimmy ist in der Lage, sie mit Bravour zu meistern.

Über das Vorsprechen ist uns ein Kommentar von Ruth Goetz, die die Bühnenfassung geschrieben hat, erhalten geblieben: »Der Regisseur öffnete die Tür zu seinem Büro und wir erblickten jemanden, der bemerkenswert jung war. Ich hatte noch nie einen Menschen in einem solchen Aufzug gesehen. Er trug löcherige Blue Jeans, zu große Stiefel, einen altmodischen Mantel und eine Art Pelzkappe, wie sie die Russen haben. Die Szene, die er uns vorspielte, war sehr kurz, nichtsdestoweniger war er umwerfend. Kaum hatte er zu lesen begonnen, vergaßen wir seine Aufmachung, sein Erscheinungsbild, das an einen hungrigen jungen Wolf denken ließ, und seine linkische Art. Eine gewisse Sanftheit, eine natürliche Verführungskraft, aber auch eine ungeheure Sinnlichkeit gingen von ihm aus.«

Im Handumdrehen erhält er seinen Vertrag. Dreihundert Dollar pro Monat sind ausgemacht, eine eher hohe Gage für eine Nebenrolle. Doch bald treten Probleme auf. Bei den Proben leidet das ganze Ensemble unter Deans Kommunikationsschwierigkeiten. Zu Beginn liest er seinen Text langsam und fast unverständlich, was Louis Jourdan den Nerv töten kann. Andere Partner werden ungeduldig angesichts seiner Konzentrationsmängel. Er versichert Geraldine Page, dass er im Moment nichts tue, als »mit der Sprache des Stückes zu experimentieren«, und dass er sich erst kurz vor der Premiere festlegen werde. Page erzählt: »Er war wie eine Katze, die einen großen Sprung tun wird, ohne es dabei nötig zu haben, ihre Kräfte abzuschätzen.« Die anderen Schauspieler finden übrigens, dass der Regisseur ihm gegenüber nicht genügend Autorität zeigt.

Solange sein Text nicht sitzt, ist er unfähig, alles zu geben. Die Proben sind für ihn nur eine Art Vorbereitung, bei der er eher Zuschauer als Schauspieler ist. Er dreht manchmal seinen Partnern den Rücken zu, geht, ohne sich an die gegebenen Anweisungen zu halten, auf der Bühne herum oder spricht seinen Text nur wie zu sich selbst. Louis Jordan wird versichern, es sei die schlimmste Erfahrung seines Schauspielerlebens gewesen, mit diesem »schrecklichen Typen« zusammenzuarbeiten. »Jimmy hatte nur einen sehr ausgeprägten Sinn für sein Innenleben«, fügt einer der Schauspieler hinzu. »Er verharrte in seiner eigenen Welt und hatte Schwierigkeiten, sich an andere anzupassen.« Alle klagen zudem darüber, dass er sein Motorrad in den Kulissen abstellt.

Geraldine Page, die die Rolle der Marcelline spielt (»Ich betrinke mich, ich werde verrückt und ich sterbe: eine ideale Figur für eine Schauspielerin«), erinnert sich an das gespannte Verhältnis, das anfangs zwischen James Dean und dem Regisseur herrschte. »Ich nahm Herman Shumlin beiseite und erklärte: ›Tun Sie mir einen Gefallen. Sagen Sie

Jimmy: Mach bei der Probe, was du willst, und sonst nichts.‹ Und da gab Jimmy sein Bestes. Shumlin schwor nun auf ihn und sein unglaubliches Talent. Mit einem Schlag fühlte sich Jimmy geborgen, geliebt und bewundert. Er entspannte sich und zeigte allen gegenüber Zuneigung und Respekt. Wenn man es einmal geschafft hatte, seine Aufmerksamkeit zu fesseln und ihm zu beweisen, dass man an ihm hing, wurde er fügsam und sympathisch.«

Herman Shumlin hört also nicht auf, sich lautstark zu begeistern, dass Dean wunderbar ist. »Das war haargenau, was der junge Mann brauchte«, kommentiert ein Schauspieler. »Er war der geborene Verführer. Er liebte nur eines: Verführen! Egal, ob Mann oder Frau. Auch Tiere versuchte er immer zu sich zu locken. Diese Besessenheit, andere zu verzaubern, war überdeutlich erkennbar in der Art, wie er mit Leuten sprach oder ihnen zuhörte. Er war fähig, ihnen totale Aufmerksamkeit zu widmen, man hätte glauben können, vor ihm befänden sich die wichtigsten Wesen auf der ganzen Welt. Er brauchte die Gewissheit, dass er alle um den Finger wickeln konnte.«

Geraldine Page bestätigt dies, indem sie betont: »Er zeigte eine intensive Neugier gegenüber den Personen seiner Umgebung – manche erschreckte das sogar. Er ließ einen genauen Blick auf den Menschen ruhen, der einem Unbehagen verursachen konnte, weil er einen zwang, sich selbst in Frage zu stellen. Unter seiner scheinbaren Lässigkeit und seinen beunruhigenden Verhaltensweisen verbarg sich eine unglaubliche Intensität und bei seinem Charme war ihm alles erlaubt.

Ruth Goetz findet, dass der junge Schauspieler die Seele eines echten Künstlers besitzt: »Zu Beginn der Proben glaubte ich es mit einem Burschen zu tun zu haben, wie er undisziplinierter nicht hätte sein können. Aber nach und nach baute er seine Rolle auf und ich musste mir eingestehen, dass er im Gegenteil außerordentlich geplant vorging.« Geraldine Page fügt hinzu: »Von ihm ging etwas ganz Besonderes aus. Er wusste, was er wollte, und hatte nicht die Absicht, den Regisseur nach dessen Willen handeln zu lassen. Diese Anmaßung hat nicht wenige in unserer Truppe schockiert. Wir wussten in manchen Momenten nicht einmal mehr, ob das Stück schließlich aufgeführt werden würde oder nicht.«

Sechs Tage vor der Premiere in Philadelphia beschließen die Produzenten, den Regisseur auszutauschen, und setzen überstürzt Daniel Mann an die Spitze des Ensembles, um Schlimmeres zu verhüten. Mann hat gerade mit *Die tätowierte Rose* von Tennessee Williams einen großen Erfolg gelandet. Sofort bringt Jimmy nicht mehr so viel Energie in die Figur des arabischen Dieners ein, zumal seine Rolle leicht gekürzt worden ist. Mann zufolge war »Dean ein Schauspieler, der von seltsamen Impulsen bewegt wurde. Er war ein Besessener, schwer zu überzeugen und sehr wenig kooperativ. In *Der Immoralist* hatte er etwas ganz Destruktives. Aber in manchen Momenten blitzte sein wahres Genie auf.«

Diese Rolle scheint ihm auf den Leib geschneidert zu sein. Er ist perfekt in der Darstellung dieses durchtriebenen und manchmal wieder schüchternen kleptomanischen Jungen, der obendrein auch noch Schwarzmarktgeschäfte betreibt. Er ist abstoßend in seinem verführerischen Charme und verführerisch in seiner Widerwärtigkeit.

»Er bewegte sich wie eine Schlange«, wird Abe Feder sogar sagen. »Man konnte richtiggehend die Sinnlichkeit wahrnehmen, die von ihm ausging, wenn er auf der Bühne war.« Mit seiner Interpretation des Bachiar hebt er sich fraglos vom Rest der Besetzung ab. Nach drei Wochen in Philadelphia, wo die Rezensenten sich vor Lob überschlagen (über James Dean wird viel mehr geschrieben als über Louis Jourdan, obwohl dieser die Hauptrolle spielt), wird das Stück ab dem 1. Februar 1954 im Royal Theater in New York gespielt. Wieder zeigt sich Jimmy perfekt in dieser Figur, deren Durchtriebenheit für das Publikum genauso zweifellos hervortritt wie ihre Anziehungskraft und ihr Charme. Brillant ist er vor allem in der Szene, wo er einen leidenschaftlichen Tanz vollführt, mit dem er Louis Jourdan umkreist, um ihn zu betören, über seinem Kopf mit den Fingern schnippend, atemberaubend in seiner Hingabe.

Die New Yorker Kritiken gleichen im Tenor denen von Philadelphia. Die *New York Times* entdeckt bei Dean sogar »einen perfiden Charme«. Bei jeder Vorstellung hält die Stille in die Pausen hinein an, eine Stille, die nur manchmal durch leise, vertrauliche Gespräche unterbrochen wird. James Dean ist in aller Munde. Sobald er zurückkehrt, begrüßt man ihn mit zurückhaltendem Beifall, wenn er am Ende des dritten Akts endgültig die Bühne verlässt, erfasst tosender Applaus den ganzen Saal. Einige Zuschauer rufen Bravo, und wenn er sich mit einem lockeren Neigen des Kopfes verbeugt, ein wenig verblüfft, dass er immer wieder herausgerufen wird, so merkt jeder der Anwesenden, dass etwas Neues und Großes stattgefunden hat und dass sich hier etwas Außergewöhnliches abzeichnet.

Doch zwei Wochen später, am 15. Februar, tritt Jimmy von der Bühne ab. *Der Immoralist* wird noch bis zum 1. Mai gespielt. Das Enfant terrible ist überzeugt, sich nun auf dem Weg zu befinden, der zum Ruhm führt, und mit einer weiteren Theaterrolle, selbst einer bedeutenden, seinem Talent nicht gerecht werden zu können. Warum bricht er – wie man den Eindruck hat – seine Theaterkarriere auf diese Weise in einem für ihn entscheidenden Moment ab? Aus einem Stück auszusteigen, das sich zum Triumph entwickelt – man muss verrückt sein! »Nein«, antwortet er. »Auf mich wartet etwas anderes. Man bemüht sich um mich …«

Seine Hoffnungen sind durchaus begründet. Im Dezember 1953 hat er gleichzeitig mit einem gewissen Paul Newman an einem Casting der Warner Brothers für *Urlaub bis zum Wecken (Battle Cry)* teilgenommen. »Am Schluss war nur noch Jimmy übrig, den wir uns ansehen sollten«, berichtet William Orn. »Als er sich vorstellte, war er unrasiert. Er trug eine Kappe, Stiefel und eine komplette Motorradkluft. Ich habe ihm erklärt, dass es darum ginge, eine anrührende Szene zwischen einem Soldaten und seiner Freundin, deren Vater diesen Jungen nicht mochte, zu spielen. Ohne die geringste Vorbereitung legte er uns die schönste Vorsprechszene hin, die ich je erlebt habe.«

Die Rolle entgeht ihm zwar, aber William Orn, der zu den Warner-Bossen zählt, hat ihm versprochen, an ihn zu denken, sobald sich eine Gelegenheit ergeben würde. Außerdem ist da noch der Schriftsteller Paul Osborn, der an der Generalprobe zu *Der Immoralist* teilgenommen hat. Er, der zu dieser Zeit an einer Filmbearbeitung von John Steinbecks *Jenseits von Eden* für die Warner arbeitet, ist auf Jimmys Spiel und sein Äußeres aufmerksam geworden und hat sofort mit Elia Kazan telefoniert, der als Regisseur für den geplanten Film im Gespräch ist. Kein Wunder, dass Deans ganze Vorstellungskraft dadurch angeregt ist. Für die junge Schauspielergeneration ist Kazan fast eine Art Gott, er ist der

James Dean als Fünf-
ıhriger (1936)

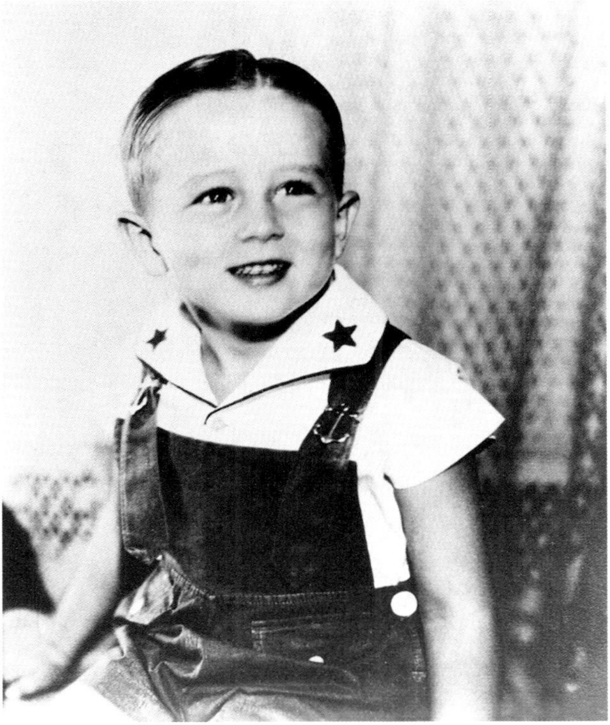

Jimmy (Mitte) mit seiner
asketballmannschaft

3 Lee Strasbergs Klasse in Actor's Studio. Dean in der ersten Reihe (1952)

4 Mit Geraldine Page in *Der Immoralist.* Februar 1954

5 Das Enfant terrible bei seiner Ankunft in Hollywood. März 1954

6 Cal flüchtet sich in die Musik, während sein Bruder Aron zu schlafen versucht (*Jenseits von Eden*).

7 Mit Elia Kazan, Marlon Brando und Julie Harris bei den Dreharbeiten zu *Jenseits von Eden* (1954)

8 Mit Julie Harris in *Jenseits von Eden*

9 Mit Pier Angeli. Sommer 1954

10 Dean – besessen, melancholisch, geheimnisvoll

11 In der Rolle des Jim Stark (*... denn sie wissen nicht, was sie tun,* 1955)

12 Back to the Roots – Indiana. Februar 1955

13 Bei den Dreharbeiten zu *Giganten* (1956)

14 In der Rolle des Jett Rink (*Giganten*)

15 Seine tödliche Leidenschaft: die Geschwindigkeit

16 Das letzte Foto: mit Rolf Wütherich auf der Fahrt nach Salinas

Mann, der den Ruhm eines Marlon Brando »gemacht« hat. Dieser aus Anatolien stammende Grieche, der im Alter von vier Jahren in Amerika gelandet ist, ist ein lebender Mythos, und sein Triumph mit *Endstation Sehnsucht* hat ihm – trotz McCarthys Hexenjagd – auf immer einen Platz im Pantheon von Hollywood verschafft.

Für Kazan ist James Dean kein ganz Unbekannter. Er hat ihn im Actor's Studio spielen sehen, und dass Paul Osborn ihn nun auf den jungen Schauspieler hinweist, überzeugt ihn, diesen zu einem Gespräch zu bestellen. »Am Tag, als ich ihn empfing«, erzählt der Regisseur, »fläzte er im Warteraum träge am äußersten Ende eines Ledersofas, die Beine ausgestreckt, mit zerlumpten Jeans. In seinem Gesichtsausdruck lag so etwas wie ein tief sitzender Groll, und das missfiel mir. So ließ ich ihn warten: Ich wollte sehen, wie er reagiert. Ich habe ihn damit auf seinem eigenen Feld geschlagen – als ich ihn ins Büro rief, hatte er seine feindselige Haltung abgelegt. Wir versuchten zu diskutieren, aber Konversation lag ihm nicht. So saßen wir uns wie zwei Ölgötzen gegenüber, da fragte er mich plötzlich, ob ich mit ihm eine Runde auf seinem Motorrad drehen wolle. Die Tour ist mir nicht in bester Erinnerung – er war drauf aus, Eindruck zu schinden, im Stil ›Landjunge, der sich nicht vom Großstadtverkehr beeindrucken lässt‹, aber als wir zu Warner zurückkamen, wusste ich bereits, dass dieser Lümmel Cal war, wie er im Buche steht.«

Die Hauptrolle in einem abendfüllenden Spielfilm einem Schauspieler anzuvertrauen, für den dies die erste große Rolle ist, ist ein Risiko. In einem Brief an Joe Hyams kommentiert Kazan: »Ich habe Jimmy gewählt, weil er Cal Trask *ist.* Es gibt keinen Zweifel, dass niemand ihn besser verkörpern kann als er. Er empfindet Groll gegen alle Väter der Welt. Er ist rachsüchtig und liebt die Einsamkeit. Er ist nachtragend und glaubt sich ständig verfolgt. Er ist argwöhnisch und voller Talent.« Während der Filmemacher bereits bekannte Schauspieler für die Rollen der Erwachsenen engagiert hat, muss er gerade noch drei junge Schauspieler finden, die das passende Temperament für die Schlüsselfiguren besitzen. Mit dreiundzwanzig Jahren ist James Dean perfekt. Julie Harris und Dick Davalos sind die ideale Besetzung zusammen mit dem versierten Raymond Massey.

Im Februar 1954, unmittelbar bevor er das Royal Theater verlässt, willigt Jimmy ein, zur Probe eine Szene zu drehen, da Kazan und die Warner mit ihm sichergehen wollen. Beweiskräftiger hätte das Ergebnis gar nicht ausfallen können. Es ist Tradition, dass die Studios ihre neuen Filme durch Pressekommuniqués ankündigen, aber in diesem Fall hüllt man sich in absolutes Stillschweigen über den »neuen Kazan« und seine jungen Schauspieler. Allerdings geht das Gerücht um, der Regisseur sei dabei, einem neuen Talent »den Schliff zu geben«. Nach gut zehn Tagen wird die Besetzung endlich bekannt gegeben. Der *Hollywood Reporter* nennt Details: James Dean habe für diesen Film auf Basis einer Wochengage von zwölfhundertfünfzig Dollar unterzeichnet, bei einer garantierten Mindestdrehzeit von zehn Wochen.* Elia Kazan bezahlt seine Schauspieler sehr gut, vor allem, wenn er, wie hier, selbst Produzent ist.

---

*Der Vertrag gibt den Studios das Recht, Dean innerhalb von sechs Jahren in neun Filmen zu beschäftigen, mit einer Mindestarbeitszeit von zehn Wochen pro Film. Jane Deacy handelt außerdem eine Klausel he-

Nun wird sich also die Traumfabrik Hollywood Jimmys bemächtigen. »Noch vor wenigen Jahren war er ein kleiner Bauer aus Fairmount in Indiana«, steht in der ersten Pressemappe zu seiner Person. »Nun ist er wieder auf einer Farm, aber diesmal in einer Starrolle, der des Cal in der Cinemacolor-Fassung des Romans von Steinbecks Roman *Jenseits von Eden*.« Der junge Mann erklärt übrigens der Presse: »Kühe, Schweine, Hühner und Pferde sind zwar keine Vorbilder, denen man in beruflicher Hinsicht nacheifert, aber glauben Sie mir, wenn Sie es wollen – die Tiere haben mich viel gelehrt. Die Arbeit auf der Farm hat mir einen Sinn für das Leben vermittelt, der mir beim Aufbau meiner Rollen außerordentlich hilfreich war.«

Kazan hingegen unterstreicht, worauf es ihm als »Entdecker von Stars« ankommt: »Es macht mir Spaß, mit Unbekannten zu arbeiten, mit Leuten, die hungrig sind. Sie sind wie Abfangjäger. Für sie ist es eine Frage von Leben oder Tod, und sie geben alles, was sie können.« Innerhalb all diesen lebhaften Treibens ist Jimmy hochnervös, behält aber seinen klaren Kopf. Immer wird er sich weigern, Spielregeln zu akzeptieren, die mit seinen eigenen Wünschen, Hoffnungen und Ängsten unvereinbar sind. Er ist glücklich, von Elia Kazan in die Hand genommen zu werden und seinen eigenen Namen mit einer solchen Berühmtheit verknüpft zu sehen, aber er weigert sich, sich in eine Schablone à la Hollywood pressen zu lassen.

---

raus, die James Dean berechtigt, Rollen als Gaststar im Radio und beim Fernsehen anzunehmen und nach seinem dritten Film für die Warner in einem Broadway-Stück zu spielen.

Aus dieser Zeit ist von ihm nur ein einziges Verhältnis mit einem Mann bekannt, und zwar mit Vivian Matalon, einem jungen englischen Schauspieler, der in *Fire Down Below* von Robert Parrish mit Rita Hayworth sein Filmdebüt hat. Eines Abends begleitet Vivian Jimmy nach dem Theater nach Hause und geht mit ihm auf ein letztes Glas hoch. Dean lädt ihn schließlich ein, über Nacht zu bleiben, aber es ist ganz offensichtlich nur ein einziges Bett vorhanden. Der Engländer lehnt höflich ab. Dieselbe Situation ergibt sich in den folgenden Wochen mehrmals, und am Ende nimmt Matalon die Aufforderung an, worauf Jimmy für ihn die große Verführungsszene mit gedämpftem Licht und Musik von Pergolese im Hintergrund veranstaltet. Doch Vivian verweigert sich an diesem Abend: »Wenn du meinst, dass da was läuft, irrst du dich.« Später wird er Jimmy sein Verhalten folgendermaßen erklären: »Das ist sehr einfach. In der Nacht, als ich bei dir geblieben bin, habe ich auf deine Annäherungsversuche nicht so reagiert, wie du es erwartet hast, weil ich dich nicht sagen hören wollte: ›Ich bin nicht homosexuell.‹ Das wäre mehr gewesen, als ich hätte ertragen können …«

Irgendwann kommen sich die beiden Männer doch näher und sie beginnen eine Beziehung. »Ich liebte ihn sehr«, erklärt Matalon später, »und ich hatte den Eindruck, dass er immer mehr und mehr geliebt werden wollte, auch wenn er selbst diese Liebe nicht erwiderte. Jimmy nahm von seinen Partnern, was er brauchte, und war darauf bedacht, frühzeitig Schluss zu machen, bevor diese es taten.«

Aber James Dean wird seinen Liebesgeschichten den Rücken kehren und an die Westküste abreisen. Am 8. März 1954 holt ihn Kazan mit Ziel Los Angeles in seinem Appartement ab. »Ich habe den langen schwarzen Straßenkreuzer benützt, den ich in New York zur Verfügung hatte, um bei ihm vorbeizukommen und ihn zum Flughafen zu bringen. Seine Bude befand sich in einem düsteren Viertel, und er kam – Sie werden's mir nicht glauben – mit zwei notdürftig verschnürten Paketen heraus, das war sein Gepäck. Er sah aus wie ein gerade angekommener Einwanderer, wie er da auf dem Rücksitz der Luxuslimousine saß. Er sagte mir, dass er in seinem Leben noch nie geflogen sei.«

Jenseits von Eden

Als James Dean im März 1954 in Hollywood eintrifft, scheint sich das Mekka des Films kaum verändert zu haben. Diese Stadt in Technicolor kennt kein normales Alltagsleben, es gibt kein geschäftiges Hin und Her von Passanten. Das Einzige, was die Straßen belebt, sind Limousinen, die wichtig aussehende Persönlichkeiten, die immer in Eile scheinen, fast lautlos von einem Ort zum anderen befördern. In den Wohnvierteln mit ihren prunkvollen Villen herrscht die Atmosphäre einer vornehmen Seniorenresidenz. Ansonsten prägen allerdings Tempo und Ertrag, Korrektheit und Genauigkeit, Gehorsam und Angepasstheit das Leben. Auch mit Daseinsängsten sind die Bewohner zur Genüge vertraut.

Man begegnet sich praktisch nur bei den Zusammenkünften mit halb offiziellem Charakter, über die jedermann informiert ist. Diese Empfänge kennzeichnen besser als alles andere den Rang einer Person in diesem sozialen Gefüge und den Einfluss, den sie genießt. In einem strengen Ausleseprozess wird über die Wahl der Gäste bestimmt. Große Freude herrscht bei denen, die plötzlich Zugang zu einem illustren Haus erlangen, das ihnen bisher verschlossen war. Diese Art sozialen Aufstiegs gleicht in der Tat dem stufenweisen Anstieg zu einem Tempel.

Die Kehrseite der Medaille besteht darin, dass all diese ehrgeizig und emsig arbeitenden Menschen infolge von

Arbeitsbelastung, Geldgier, Neid und Begehrlichkeiten unter einem enormen Druck stehen. Sie verwenden den spärlichen Rest ihrer Zeit auf Palastintrigen und Hierarchiekämpfe, es ist ein unaufhörliches Miteinander-Rivalisieren von Clans und Cliquen, innerhalb derer ebenfalls wieder jeder um seinen Platz zu kämpfen hat. Unter den Angehörigen der Filmbranche herrschen gnadenloser Snobismus und eine starre Etikette. Dieses System kennt nur ein Gesetz: das Einspielergebnis. Talent wird am Kassenerfolg gemessen. Da dieser wiederum direkt mit der Anziehungskraft eines Namens und eines Gesichts zusammenhängt, ist den Studios jedes Mittel recht, um ihren Stars Publicity zu verschaffen. Das Hollywood der 50er-Jahre ist deshalb geprägt von einem unglaublichen Einfluss der Presse und insbesondere der Kolumnistinnen, welche die Klatschspalten mit Nachschub versorgen, allen voran die gefürchtete Louella Parsons und ihre Kollegin Hedda Hopper, die fast noch schlimmer ist. Die beiden alten Damen haben eine maßgebliche Stellung im Leben Hollywoods und terrorisieren gleichermaßen Produzenten, Regisseure und Schauspieler, da sie es mit ihren Klatschgeschichten und ihrer oft voreingenommenen Einstellung in der Hand haben, über den Verlauf von Karrieren zu entscheiden.

James Dean ist bisher die Anonymität New Yorks gewohnt, wo ein Schauspieler, sobald er nicht auf der Bühne steht, im Großen und Ganzen leben kann, wie es ihm passt. Man kann sich lebhaft vorstellen, dass er Schwierigkeiten hat, mit der übermächtigen PR-Maschinerie zurechtzukommen, die Hollywood beherrscht und jede Minute im Leben der Filmstars überwacht, um Vorkommnisse sofort ausschlachten zu können. Deans Ansicht nach sollte einzig und allein das Talent für die Beliebtheit eines Schauspielers ausschlaggebend sein, und nicht das, was er in seinem Privatleben treibt. Er wird sich darum ständig gegen dieses Umfeld in Hollywood auflehnen.

Was beherrscht zum Zeitpunkt von Deans Ankunft in der Filmstadt die Schlagzeilen? »Robert Walker hat die Lust am Leben verloren und sich dem Alkohol ergeben, weil ihm Jennifer Jones einen milliardenschweren Produzenten vorgezogen hat.« Oder: »Monatelang war Frank Sinatra unfähig, eine neue Platte aufzunehmen: Nach seinem Zerwürfnis mit Ava Gardner war er eine Zeit lang nur noch ein verzweifeltes Wrack.« Und: »Elizabeth Taylor, ›Amerikas schönste Braut‹ hat, kaum verheiratet, nichts Besseres zu tun, als sich einen neuen Verehrer zu suchen …«

Der ganze Medienrummel um die Stars lenkt davon ab, dass das Filmbusiness von einem wahren Erdbeben erschüttert worden ist. Bis zum Zweiten Weltkrieg war das Kino in ganz Amerika die bevorzugte, wenn nicht gar einzige Freizeitbeschäftigung. Die Filmproduktion boomte. Auf die Qualität kam es dabei nicht so sehr an, Hauptsache, man lieferte Nachschub an Spielfilmen für die wenig wählerischen Besucher der etwa zwanzigtausend düsteren Kinosäle, die von der Großstadt bis zum entlegenen Provinzkaff über das ganze Land verteilt waren. Nun aber war das Fernsehen auf dem besten Wege, die Amerikaner unmerklich in gutbürgerliche Stubenhocker zu verwandeln. Unbequemen Kinostühlen zog man die Annehmlichkeiten des eigenen Heims vor, die zur Staatsreligion geworden waren, seit eine umfangreiche neue Haushaltstechnik Wunder im Alltag bewirkte. Die Nabobs von Hollywood mussten zu ihrem nicht geringen Schrecken feststellen, dass sich das Verhältnis zwischen

Produktionskosten und Einspielergebnis verschlechterte, was noch nie vorgekommen war. Die Kinobesucher wurden immer anspruchsvoller und fingen allmählich an, mehr Talent zu zeigen als diejenigen, die die Filme herstellten. Unerbittlich änderten sich wie in einem Roman Fitzgeralds die Zeiten. Für die mächtigen Direktoren der großen Studios und die sich für unantastbar haltenden Regisseure im karierten Jackett, die ohne große innere Beteiligung die immer gleichen Liebesgeplänkel mit Jean Harlow, William Powell oder Ginger Rogers in Szene gesetzt hatten, war das goldene Zeitalter vorbei. Wenn sie nicht mit etwas Neuem aufwarteten, würden sie untergehen.

Hollywood ist also hypochondrisch geworden. Bei jeder passenden und unpassenden Gelegenheit spricht man von »Krise«, wie um den bösen Blick abzuwenden. »Unsere Berufskrankheit«, erklärt ein Filmemacher, »ist das Magengeschwür. Krisen sind ein wesentlicher Bestandteil unserer Kunst, ja sie bilden sogar ihr Rückgrat.« Man sieht eine Krise heraufziehen, wenn sich ein Studio eines Teils seines überzähligen Personals entledigt, oder wenn das Box-Office meldet, dass die Einnahmen im Verhältnis zum Vorjahr gesunken sind, oder wenn die Popularität einiger Stars, an denen sich das Publikum abgesehen hat, sinkt. Die Angst ist somit Ehrenbürgerin in Hollywood, und Optimisten gelten als ausgefallene Typen von der gefährlichen Sorte.

Innerhalb weniger Jahre ist die Zahl der Kinobesucher praktisch auf die Hälfte geschrumpft. Andererseits setzt sich unter kalifornischer Sonne und in einer Industrie ohne rauchende Fabrikschlote bei einer Flaute nicht so schnell die Empfindung durch, sich in einer Wirtschaftskrise zu befinden, wie es vielleicht in einer Industrieregion wie Pennsylvania oder dem Ruhrgebiet der Fall wäre. Hollywood und seine Luxusvororte scheinen hinter der blendenden Fassade von Überfluss und Lebensfreude unverändert zu sein. Noch sind die Gehälter derjenigen, die Arbeit haben, attraktiv, nachdem die Betreffenden sich geweigert haben, Abstrichen an ihrem Einkommen zuzustimmen. (Das hatten sie nur einmal 1931 getan – um letztendlich feststellen zu müssen, dass die Studios in jenem Jahr so hohe Gewinne verbuchen konnten wie nie zuvor.) Viele Schauspieler erhalten immer noch zwischen viertausend und siebentausend Dollar pro Woche, ein Kameramann verdient eintausendfünfhundert bis dreitausend Dollar, ein Produktionsleiter zwischen eintausend und fünftausend.

Am Sunset Boulevard findet man kaum einen anderen Hinweis auf die harten Zeiten als ein paar leer stehende Lichtspielhäuser. Für den Uneingeweihten, der nicht in der Lage ist, die Bilderfabriken von innen kennen zu lernen und zu vergleichen, was sie einmal waren und was aus ihnen geworden ist, ist die Krise nicht greifbar.

Umso mehr hat sich die Konkurrenz zwischen den einzelnen Studios verschärft. Die Metro Goldwyn Mayer kann ein Bataillon an Leinwandgrößen wie Elizabeth Taylor, Ava Gardner, Lana Turner, Gene Kelly, Fred Astaire und Clark Gable aufbieten. Die Twentieth Century Fox hat Marylin Monroe, Susan Hayward, James Mason und Robert Mitchum unter Vertrag. Für die United Artists arbeiten Gary Cooper, Burt Lancaster, Lauren Bacall und Humphrey Bogart. Die Warner hat den Zugriff auf John Wayne, Dean Martin und Montgomery Clift, während die Paramount sich das Exklusivrecht auf James Stewart und James Cagney gesichert hat.

Auch wenn sich eine Reihe von Studios in Schwierigkeiten befinden und einige von ihnen schließen müssen oder zur Umstrukturierung gezwungen sind (ein Teil von ihnen gerät dabei unter die Kontrolle von Fernsehsendern), und auch wenn die Besucherzahlen weiter sinken, wird das Jahr 1954 dennoch ein sehr erfolgreiches Jahr für den amerikanischen Film: Robert Aldrich dreht mit *Vera Cruz* einen legendären Western, George Cukor ermöglicht Judy Garland ein bewegendes Comeback in *Ein neuer Stern am Himmel*, Edward Dmytryk arbeitet zum ersten Mal mit Humphrey Bogart zusammen in *Die Caine war ihr Schicksal*, Joseph L. Mankiewicz bietet Ava Gardner eine überwältigende Rolle in *Die barfüßige Gräfin* an, Vincente Minnelli denkt sich für *Brigadoon* mit dem Leinwandpaar Gene Kelly und Cyd Charisse ein märchenhaftes Schottland aus, Marilyn Monroe gurrt hinreißend die Titelmelodie von *Fluss ohne Wiederkehr* unter der Regie von Otto Preminger, Raoul Walsh dreht *Saskatchewan* ... Aber ein Star hält in diesem Jahr unbestreitbar die Spitze: Marlon Brando, der sich im Erfolg von mittlerweile sechs großen Filmen sonnen kann. Ähnlich populär ist Montgomery Clift, der mit *Ein Platz an der Sonne* einen neuen Höhepunkt in seiner Karriere erreicht hat.

Als James Dean vor dem Beginn der Dreharbeiten zu *Jenseits von Eden* steht, ist er fest entschlossen, es seinen beiden Lieblingsschauspielern gleichzutun. Er hat einen Vorschuss von fünftausend Dollar auf seine Gage erhalten und sich als Erstes ein neues Motorrad gekauft (insgesamt wird er sieben Stück besitzen). Im Augenblick hat es ihm eine Sarolea Thyphon angetan, deren Motor sehr stark ist, sodass sich die Maschine mühelos auf einhundertvierzig Stundenkilometer beschleunigen lässt. Jimmy findet eine kleine Wohnung, die er für fünfzig Dollar pro Monat mit dem jungen Schauspieler Dick Davalos, der im Film seinen Bruder spielt, teilt. Das Appartement liegt über einem Drugstore, im Stadtteil Burbank, und er braucht nur die Straße zu überqueren, um zu den Warner-Studios zu gelangen.

Vor Beginn der Dreharbeiten am 27. März 1954 fährt Jimmy mit Bill Bast in die mexikanische Wüste hinaus, damit seine Haut noch etwas natürliche Bräune bekommt.

Mit dem neuen Motorrad ist es nicht getan; etwas später im Jahr legt er sich einen Sportwagen – ein rotes MG-Cabrio – zu, das passende Statussymbol für den beginnenden Star, dessen Aufstieg begonnen hat. Der Ruhm und das Glück sind jetzt greifbar nah für Dean, an dessen PR-Image die Journalisten bereits feilen, indem sie schreiben, er habe den Blick des jungen Gregory Peck und den Stil eines Marlon Brando.

Trotz seiner Vorbehalte gegenüber Hollywood lässt sich James Dean in den ersten Wochen ziemlich ungeniert auf die Verlockungen des Ruhmes und des Jahrmarkts der Eitelkeiten ein. Man sieht ihn mit einer Reihe von Starlets in den bekannten Nachtlokalen herumziehen. Aber das vermindert nicht die Gewissenhaftigkeit, mit der er sich auf seine Rolle vorbereitet. »Die Eckigkeit und Unsicherheit des Halbwüchsigen, dieses bittere und bedrückte Lebensgefühl, das er in *Jenseits von Eden* so perfekt darstellt, war genau einstudiert und das Ergebnis einer perfekten Kontrolle seines Körpers«, wird Nicholas Ray sagen.

John Steinbecks Roman handelt von einem Gutsbesitzer, der von seiner Frau verlassen worden ist. Seine beiden Söhne Caleb und Aron halten die Mutter für tot. Der Vater betreibt das Gut gemeinsam mit seinen Söhnen. Aber Caleb ist überzeugt, dass sein Vater ihn ablehnt. Dann erfährt der junge Mann die bittere Wahrheit über seine Mutter: Sie ist durchaus nicht tot, sondern betreibt ein Bordell gar nicht weit weg von ihrem Wohnort. Sie hat ihre Söhne also einfach im Stich gelassen. Man schreibt das Jahr 1917, und die Vereinigten Staaten treten in den Krieg ein. Alle Bemühungen Calebs werden ihm falsch ausgelegt. Der von ihm sorgfältig vorbereitete Geburtstagsabend für seinen Vater endet in einem dramatischen Fiasko. Vor Wut und Schmerz wie von Sinnen, öffnet er Aron die Augen, was aus ihrer beider Mutter geworden ist. Unter dem Schock der tragischen Enthüllung verpflichtet sich Aron zur Armee. Der Vater, der nach einem Anfall gelähmt ist und im Sterben liegt, begreift endlich seinen Irrtum: Er hat es Caleb immer an Liebe fehlen lassen. Arons Verlobte hat dies als Einzige seit langem erkannt. Caleb und sie werden auf der Farm bleiben und wahrscheinlich heiraten.

Bei Beginn der Dreharbeiten verwehrt Elia Kazan den Journalisten den Zugang zum Set. Deren Neugier wird durch das Verbot natürlich erst recht geweckt. Man speist sie mit Meldungen im Telegrammstil ab, die bewusst sensationell aufgemacht sind und in die Aussprüche von Jimmy eingestreut sind wie: »Warum spielt ein Schauspieler? Um die Fantasien und Neurosen, die seinen Geist beherrschen, auszudrücken.« So eine Sprache ist ihnen neu, vor allem aus dem Munde eines kleinen Farmers aus dem Mittleren Westen – denn als solchen wollen die PR-Leute von Warner ihr neues »Produkt« verkaufen, diesen Jungen, dessen Publicity man gerade darauf aufbaut, dass ihn außer einigen Theaterbesuchern in New York bisher niemand gesehen hat. Man kann nicht gerade sagen, dass Dean, der sich immer gewünscht hatte, bemerkt zu werden, mit dieser Situation besonders zufrieden wäre.

Die Journalisten beginnen von Kazans Entdeckung als einem »neuen Brando« zu sprechen – ein fragwürdiges Kompliment, das Jimmy auf die Palme bringt. Dem sieben Jahre älteren Brando gibt es dagegen Anlass zu erklären: »Dieser junge Dean mag ja vielleicht interessant sein, aber er hat im Moment noch meine Kleidung und meinen Schauspielstil vom vorigen Jahr.« Kazan macht sich mit einem gewissen Sadismus ein Vergnügen daraus, die beiden einander vorzustellen.* Das Treffen dauert nur fünf Minuten. »Marlon Brando ist unser größter Schauspieler, aber er ist ein Bursche, von dem man sich besser fern halten sollte«, kommentiert Jimmy. Raymond Becker, ein Schüler C. G. Jungs, sieht einen klaren Unterschied zwischen den beiden Schauspielerpersönlichkeiten: »Wenn Marlon Brando auf der Leinwand die Wahn- und Wunschvorstellungen eines kranken Amerikas verkörpert, dessen Probleme durch den letzten Krieg ausgelöst worden sind, schafft er es, persönlich dazu auf Abstand zu bleiben und sich zu schützen. James Dean, bei dem diese Befindlichkeit bis ins Extrem gesteigert erscheint, gelingt es dagegen nicht, den Trennstrich zu ziehen: Er lebt sie, anstelle sie darzustellen.«

Obwohl Jimmy sich ein Motorrad zugelegt hat, verbietet ihm eine Klausel in seinem Vertrag mit der Warner aus-

---

* Man hat Dean und Brando miteinander verglichen, aber sie unterschieden sich voneinander. Marlon war durch Stella Adler gut geschult worden und verfügte über eine exzellente Technik. Er war in allen Bereichen der Interpretationskunst kompetent und auch ein sehr talentierter Imitator. Dean hatte genau genommen überhaupt keine Technik.

drücklich, damit zu fahren, solange *Jenseits von Eden* nicht abgedreht ist. Als Ersatz kauft er sich ein Pferd. »Er war auf einer Farm in Indiana aufgewachsen und hatte immer ein Pferd besitzen wollen«, bestätigt Kazan. »Am Anfang habe ich es so eingerichtet, dass er das Tier auf dem Studiogelände lassen konnte, aber sein Stall war weit von unserer Halle entfernt und Jimmy hatte die Angewohnheit, plötzlich davonzurennen, um sein Prachtstück zu füttern, zu striegeln oder es zu bewundern. Ich sah mich gezwungen, das Pferd vom Gelände schaffen zu lassen!«

Die Warner spart für diese Produktion nicht an den Kosten. Die Stadt Salinas, in der die Handlung spielt, wird komplett und bis ins kleinste Detail genau im Studio nachgebaut. Sogar ein Zug aus dem Jahr 1917 wird bei der Southern Pacific ausgeliehen und ein Jahrmarkt mit Buden, Fahrgeschäften und sonstigen Attraktionen nachgebildet. Elia Kazans Bestreben nach Realismus hindert ihn nicht daran, der Natur nachhelfen zu wollen, angefangen bei Jimmy. »Kazan ließ ihn einen halben Liter Vollmilch pro Tag trinken«, erzählt Bill Gunn. »Es wirkte komisch, wie er ihn herausfütterte, damit er wie ein Farmer aussah, wo er doch tatsächlich einer war. Ich hatte ihn niemals braun gebrannt gesehen! Aber so wollte ihn Elia: als robusten und kernigen Landburschen. Jimmy war wütend. Sie hatten ihm auch die Haare geschnitten und ihn geschminkt.«

Der Schauspieler wirkt immer sehr eigenwillig, wie er mit den Händen in den Hosentaschen und seiner zwanglos über die Schultern gehängten Jacke im Studio erscheint. Er macht den Eindruck, als ob er abwesend oder mit ganz anderen Dingen beschäftigt sei. Lange bleibt Kazan mit ihm im Schminkraum. Der Regisseur erklärt: »Ich musste zuerst mit ihm arbeiten, damit er Vertrauen zu mir fasste und ich ihm die Ratschläge geben konnte, für die er empfänglich war.« Manchmal diskutieren sie endlos. Kazan gibt sich alle erdenkliche Mühe, aus Jimmy das Beste herauszuholen. Der junge Mann, der fast ausschließlich nach seinem Instinkt spielt, benötigt vor jeder Szene, und sei sie noch so kurz, ausreichend Zeit, um sich einzustimmen. Da es sich außerdem um seinen ersten großen Spielfilm handelt, ist er noch nicht an die anspruchsvolle Aufgabe gewöhnt, die eine Hauptrolle darstellt. Der Regisseur fasst sich in Geduld. Ihm bleibt auch nichts anderes übrig: Er weiß nur zu gut, dass er aus Dean eine außergewöhnliche Leistung herausholen muss, wenn der Film gut werden soll. »Kazan und Jimmy machten über alles und jedes ihre Witze und Späße«, berichtet Bill Bast. »Zwischen ihnen – dem erfahrenen Künstler und seinem jungen Schüler – bestand eine herzliche und einfache Harmonie. Ich bemerkte bei ihnen keine Spur von dem üblichen Schauspieler-Regisseur-Verhältnis, sie kamen mir im Gegenteil wie alte Freunde vor. Wenn der Zeitpunkt kam, ernsthaft über den Film zu sprechen, rückten sie näher zusammen und unterhielten sich mit gedämpfter Stimme.«

Dagegen zeigt sich Jimmy gegenüber Raymond Massey, der im Film seinen Vater darstellt, bisweilen unausstehlich. Aber dieser Gegensatz zwischen dem jungen Schauspieler und dem Älteren kommt dem Film zugute. »Ständig unterbrach er die anderen Schauspieler mitten in ihrem Text oder änderte seinen eigenen Text ab«, erzählt Kazan. »Raymond Massey hatte das Drehbuch zusammen mit seiner Frau studiert, er hatte es genau analysiert und beherrschte den Text absolut. Und da kam nun dieser kleine Quertreiber mit irgendwelchen selbst erfundenen Sätzen daher! Genau darum ließ ich Jimmy den Text ändern, wie es ihm passte. Weil das Massey ärgerte! Hätte ich die Spannungen unterbinden sollen? Nein, im Gegenteil. Ich goss noch Öl ins Feuer, ich ließ sie einfach machen! Hier hatten wir ja gerade das zentrale Element des Drehbuchs. Was wir genau genommen filmten, war der unbändige Hass von Raymond Massey auf James Dean und von James Dean auf Raymond Massey. Niemand hätte ein gleich gutes Ergebnis erzielt, wenn er es anders angepackt hätte.«

Nichtsdestoweniger lässt der Regisseur in einem Interview mit dem *Daily Express* eine gewisse Gereiztheit laut werden, was seinen Schützling betrifft: »Jimmy war ziemlich schwierig und die meiste Zeit ganz einfach unmöglich. Er verstand sich schlecht mit den anderen Schauspielern und mit dem Drehteam. Julie Harris bewies wirklich eine Engelsgeduld mit ihm, selbst in Momenten, wenn er eine schöne Szene zu torpedieren versuchte, die sie gerade drehte. James Deans große Liebe war er selbst, und er verbrachte einen guten Teil seiner Freizeit damit, mit seinem Apparat Fotos von sich selbst zu machen.« Übrigens tut man im Studio sein auffälliges Gehabe als reinen Werbeeinfall der Warner ab. Schließlich und endlich passen seine schlampige Kleidung und sein arrogantes Auftreten, immer anderen gegenüber leicht gereizt, nicht zu dem sonstigen Playboyleben, das er sich genehmigt, und seine natürliche Respektlosigkeit erscheint manchmal ein wenig gespielt.

Raymond Massey denkt, dass er die allgemeine Ansicht zusammenfasst, wenn er schreibt: »Jimmy brauchte nichts zu tun, als das darzustellen, was er selber war. Aber so etwas ist sogar für einen Schauspieler mit Erfahrung sehr schwierig zu bewerkstelligen. Von Natur aus ein Rebell, ging er an alles mit einer unterdrückten Aggressivität heran. Er konnte nie seinen Text, wenn er zum Set kam, und beherrschte ihn selten, wenn die Kamera zu laufen anfing, und selbst wenn er ihn konnte, sprach er oft zu leise. Die simplen technischen Details, wie zum Beispiel Sätze ohne Pause aneinander zu hängen oder am richtigen Platz zu stehen, hielt er wohl für zu gering, als dass er dafür seine Aufmerksamkeit verschwendete.«

Die Dreharbeiten sind geprägt von einer andauernden Spannung. Elia Kazan setzt seinem jungen Schauspieler unablässig zu, um ein Maximum aus ihm herauszuholen. In einem Brief an Barbara Glenn aus der Zeit dieser Dreharbeiten lässt Jimmy sein Unbehagen anklingen: »Ich war die letzten beiden Wochen sehr niedergeschlagen und extrem schlecht gelaunt. Sag allen, sie sollen mich in Ruhe lassen. Es wird mir ja doch keiner abnehmen, dass ich nur wegen meiner Rolle so komisch drauf bin. Die arme Julie Harris weiß nicht mehr, wie sie mit mir umgehen soll. Na ja, Pech für sie. Die Leute fangen hier alle zu spinnen an. Ich habe nur einen einzigen Freund, einen einzigen Menschen, mit dem ich reden könnte und der mich versteht. Ich hoffe, dass Lennie kommt. Ich bräuchte einen Freund aus New York bei mir. Ich bin unausstehlich, dabei wäre ich doch eigentlich ein sanfter und freundlicher Typ. Alles wird ständig komplizierter. Oft sehe ich eine Person, zu der ich gerne vertrauten Kontakt herstellen möchte (eigentlich alle), aber daraufhin sage ich mir, dass das auch nichts ändern wird und dass ich denen doch scheißegal bin. So gebe ich nur irgendetwas Gemeines von mir oder halte gleich ganz den Mund und gehe weg. Die kapieren nicht, dass ich beschlossen habe, sie nicht zu mögen. Was wollen sie nur von mir? Diese Idioten!«

Kazan ist jedoch allgegenwärtig und wacht über ihn wie über seinen eigenen Sohn. Eines Abends sagt er zu Dean: »Lange nachdem wir gegangen sein werden, werden sich die Leute das, was wir hier machen, immer noch ansehen, und sie werden es fantastisch finden.« »Diese Bemerkung«, kommentiert der Filmemacher, »schien ihm eine ungeheure Freude zu bereiten.« Denn Dean ist sehr sensibel. Er verträgt auch die leiseste Kritik nur sehr schlecht und empfindet sie als persönliche Ablehnung. Da er nur zu gut begreift, welche Rolle Kazan für die Karriere Marlon Brandos gespielt hat, ärgert er sich nicht, wenn der Regisseur ihn kritisiert, aber von Kazan abgesehen darf niemand etwas an ihm bemängeln.

Die friedliebende Julie Harris akzeptiert im Unterschied zum Rest des Teams die neurotischen Allüren ihres Partners, sie erlaubt sich weder ein Urteil über ihn, noch macht sie den Versuch, ihn zu ändern. »Er war ein extremer Einzelgänger«, erzählt sie später. »Er hatte so viele Probleme, dass es schwierig war, an ihn heranzukommen. Er war ein seltsamer und sensibler Junge, der mit einer unwahrscheinlichen Fantasie begabt war. Ich mochte ihn sehr gerne, aber bei ihm kam man nicht immer ganz mit, was mit ihm nun schon wieder los war.« Die Schauspielerin zeigt sich gerührt über die Art, wie Jimmy seine Schultern einzieht und wie er ständig seine Hände in den Hosentaschen vergräbt. Sie erkennt die reine und unschuldige Seite an diesem Jungen mit seinen Blue Jeans, seinem blonden Haar und seinem Unbehagen am Leben, der sich hinter einer Mauer verschanzt.

»James Dean hatte viel Talent, aber manchmal war er auch ein Dilettant«, resümiert Elia Kazan. »Entweder er fand sofort den richtigen Ton, oder er fand ihn überhaupt nicht.

Er war ein entsetzlicher Lümmel. Er hörte auf überhaupt nichts, wie ein Halbwüchsiger. Er war sehr jung, aber man kann einen Burschen einfach nicht in sein Herz schließen, der unrasiert und im schmutzigen Hemd daherkommt, der nur an sein Pferd und sein Motorrad denkt und der Mädchen in seine Wohnung einlädt. Wenn Brando zur Arbeit kam, dann kam er arbeiten. Er war viel professioneller. Dean dagegen hatte überhaupt keine Erziehung.« Kazan wird dieses harte Urteil während des zweiten Teils der Dreharbeiten, als Pier Angeli auf den Plan tritt, etwas zurücknehmen müssen. Die italienische Schauspielerin wird einige Zeit lang versuchen, dem jungen Wilden Umgangsformen beizubringen. Für Jimmy, der sich damals in seiner Haut so wenig wohl fühlte, wird sie einer Fee gleichen, die gekommen ist, um ihn von seinen Dämonen zu befreien und die Gespenster zu vertreiben, die ihn heimsuchen.

Pier Angeli

In bester Hollywoodtradition betreiben die Regenbogenpresse und die Public-Relations-Dienste der Studios einen erheblichen Aufwand damit, für jeden neuen Star ein Liebesleben zu konstruieren – der viel versprechende Neuling der Warner bildet hier keine Ausnahme. Klatschkolumnistinnen und *People*-Journalisten orakeln jedes Mal, wenn James Dean mit einer Schauspielerin die Studiokantine betritt, über eine mögliche Herzensgeschichte und stellen regelmäßig seine jeweilige »neue Flamme« vor in der Hoffnung, sie möge wenigstens das erste Rendezvous glücklich überstehen.

Jimmy ist zwar bestrebt, nicht in das Klischee des Jungstars zu verfallen, der sich mit Starlets zur Schau stellt, muss aber bald einsehen, dass dies praktisch unmöglich ist. So erscheint er zu einer Abendveranstaltung in Gesellschaft der Schauspielerin Terry Moore. Es ist das erste Mal, dass sie miteinander »ausgehen«, und die Persönlichkeit seiner Begleiterin, die in jeder Situation anpassungsfähig ist, macht ihm beinahe Angst. »Man hatte ein Rendezvous zwischen Dean und Terry Moore arrangiert«, erzählt später Bill Bast. »Terry Moore war ein Starlet mit einer sexy Ausstrahlung. Man ließ Jimmy von einem Chauffeur mit einer großen schwarzen Limousine abholen, dann fuhren sie zu Terry Moore. Sie kam heraus, in einem eng anliegenden Abendkleid, das ihren Busen betonte. Sie stieg in den Wagen und nahm neben Dean auf dem Rücksitz Platz. Er zeigte ihr ein Lächeln und sagte ›Guten Abend‹. Sie warf einen Blick in seine Richtung, dann wandte sie sich ab. Während der ganzen Fahrt saß Jimmy mit eingezogenen Schultern und vollkommen teilnahmslos auf seinem Sitz. Terry Moore tat den Mund kein einziges Mal auf, bis die Limousine vor dem Lichtspieltheater, wo die Premiere stattfand, einparkte. Da plötzlich erschien ein Lächeln auf ihrem Gesicht, sie wandte sich Jimmy zu, fasste ihn am Arm und zwitscherte eifrig irgendetwas Unverständliches in sein Ohr. Sie stiegen aus, gingen in den Saal, sahen sich den Film an, gingen hinaus und stiegen wieder in den Wagen. Terry Moore blieb die ganze Zeit mit starr vor sich hin gerichtetem Blick sitzen. Dean brachte sie nach Hause, und sie stieg ohne ein Wort des Abschieds aus.«

Offenbar kann sich ein Schauspieler am besten dadurch einen Namen machen, dass er an der Seite einer schönen Frau auf den Titelblättern prangt! Die Warner ist darauf aus, ihrem Newcomer ein romantisches Image als perfekter Boyfriend zu verpassen. Die Klatschkolumnistin der *Los Angeles Mirror News* verkündet: »Viele unserer jungen Schönheiten träumen nur von einem: mit James Dean auszugehen, wobei dieser ihnen allen die kalte Schulter zeigt. Zweifellos ist es gerade seine Gleichgültigkeit – neben der Tatsache, dass er so ganz anders ist als unsere üblichen Don Juans –, die die Neugierde dieser jungen Damen weckt. Eine charmante junge Person, die ihm gerade vorgestellt worden war – ein Tête-à-tête von wenigen Sekunden, in denen er sich darauf beschränkte, sie mit seinem unmerklichen Lächeln und einer knappen Kopfbewegung zu grüßen, sagte mir daraufhin noch ganz bewegt: ›Ich fand ihn ungeheuer anziehend. Wahrscheinlich weil mir Einsamkeit bei Menschen ans Herz rührt. Ich gehöre auch zu der Sorte, die ausgesetzte Hunde und Katzen aufliest.‹«

Sowohl die Warner als auch Jimmy sind sich im Klaren über die Notwendigkeit, ihm ein »Girlfriend« zu finden, an dem die Presse ihre Freude haben wird. Die italienische Schauspielerin Pier Angeli kommt wie gerufen für diese nicht unbedingt dankbare Rolle. Die am 19. Juni 1932 in Kalifornien geborene Anna Maria Pierangeli hat in Rom Kunst und Schauspiel studiert. Als eine Art italienische Leslie Caron erlangt sie weltweite Bekanntheit mit der Figur, die sie 1951 in *Teresa* verkörpert. Sehr bald darauf nimmt sie die MGM unter Vertrag und gibt ihr einen Gene Kelly als Partner in *Des Teufels Erbe.* Zu dem Zeitpunkt, als James Dean *Jenseits von Eden* dreht, arbeitet sie im Nachbarstudio mit Paul Newman an *Der silberne Kelch.*

Die Idylle beginnt auf die normalste Weise der Welt. Die Italienerin besucht Jimmys Set und er verbringt einige Minuten an ihrem. Im Lauf der Zeit gehen die Schöne und der Rebell gemeinsam in der Kantine essen. Sie treffen Händchen haltend wie zwei Teenager ein und gehen ebenso wieder weg. Wirklich ein unerhoffter Glücksfall für die Klatschspalten … Viele können es nicht glauben, dass der verwilderte New Yorker Flegel sich von dem schüchternen Starlet um den Finger wickeln lässt.

Photoplay schreibt bald: »Pier hat Jimmy ganz im Geheimen eine Uhr und ein goldenes Namensarmband sowie ein kleines Medaillon mit ihrem Foto geschenkt. Sicher passen solche Dinge schlecht zu Blue Jeans und T-Shirt – sozusagen der offiziellen Uniform der neuen Schauspielergeneration, als deren Herold James Dean gilt –, aber Dean ist nichtsdestoweniger für diese Geste empfänglich gewesen, und so trägt unsere reizende Pier jetzt ihrerseits einen winzigen Ring am zweiten Zeh ihres linken Fußes!«

Movies schließt sich an: »Pier Angeli geht jeden Abend mit Elia Kazans neuer Entdeckung James Dean aus. Da Jimmy Krawatten verabscheut und zugibt, niemals eine getragen zu haben, schlicht und einfach deswegen, weil er den Knoten nicht binden kann, meidet das Paar die eleganten Adressen zugunsten von drittklassigen Restaurants. Jimmy genießt dort übrigens eine sensationelle Popularität mit seinen allabendlichen Imitationen berühmter Schauspieler wie Marlon Brando, William Holden, Audrey Hepburn und Grace Kelly …«

Es dauert nicht lange, da findet all dieser Tratsch seinen Weg zu den Ohren von Piers Mutter, einer Italienerin mit strengen Prinzipien. In ihren Augen stellt James Dean, der kein Katholik ist, keinen passenden »Freund« für ihre Tochter dar. Aber das Paar stellt sich taub gegenüber dem mütterlichen Bannfluch. Jimmy und Pier reiten jeden Morgen miteinander aus. Eines Abends nimmt er sie zu einer Party bei Kazan mit. Er bringt auch sein Schlagzeug mit und legt eine glänzende Show hin.

»Pier ist nicht wie die anderen Mädchen«, vertraut Dean Freunden an. »Sie ist wenigstens natürlich und spontan, ganz anders als all diese eingebildeten Hollywood-Schnepfen.« Seinem alten Freund Bill Bast erklärt er: »Mit ihr kann ich reden, sie versteht mich.« »Jimmy ist anders«, äußert die junge Frau ihrerseits. »Er liebt Musik. Er mag vor allem die Musik, die ich mache. Es ist wundervoll, dass wir einander verstehen! Und wir haben uns so viel zu sagen.«

Pier Angeli verbringt den Nachmittag ihres einundzwanzigsten Geburtstags auf der Ranch, wo sie Dean hilft, sein Pferd zu striegeln. Sie verbringen fast jeden Abend damit, spazieren zu gehen und zu diskutieren. Diese Liebesgeschichte ist sicher nicht passioniert genug, um den großen Hollywood-Knüller für die Boulevardpresse zu liefern, doch besteht zwischen den beiden eine echte und starke Bindung, was Stewart Stern bestätigt: »Ich hatte den Eindruck, dass ihre Geschichte mit dem Kind zu tun hatte, das in jedem von ihnen beiden steckte.«

Elia Kazan, der glaubt, mitbekommen zu haben, wie sie im Nachbarbungalow miteinander schliefen, berichtet dagegen, dass sie sich für gewöhnlich stritten. »Jimmy legte sich in den Beziehungen mit seinen Freundinnen niemals genau fest. Ich hatte von ihm nie den Eindruck, dass er ein sehr befriedigender Liebhaber sein könnte.«

Pier gewinnt jedoch mehr und mehr Einfluss auf James Dean. Er verhält sich beim Autofahren vorsichtiger und kleidet sich besser. Er tätigt sogar einige Bestellungen bei einem bekannten Herrenschneider, achtet mehr auf sein Äußeres, gewöhnt sich seinen nachlässigen Gang ab und lässt seinen Fingernägeln auf Kosten seines Motorrads bessere Pflege angedeihen. Im Juli 1954 wirft er sich sogar in einen Smoking, um die Schauspielerin zur Premiere von *Ein neuer Stern am Himmel* zu begleiten. Es ist ja auch ein großer Galaabend im Pantages Theater, und Berühmtheiten wie Marlene Dietrich und Clark Gable zählen zu den Geladenen. Doch solche Ausflüge ins mondäne Leben sind für das Paar eine Seltenheit.

Die junge Italienerin scheint das Enfant terrible von all seinen Dämonen zu erlösen. Zum ersten Mal ist jemand anders als er selbst der Bezugspunkt seiner Existenz. Seine Egozentrik macht einer wahren Begeisterung Platz, seine Liebe durch Geschenke zu beweisen. Für den nächsten Winter schenkt er seiner Freundin eine Nerzstola. Er überhäuft sie mit Parfums und redet unablässig von einem Dior-Abendkleid. Auf seinem Nachttisch stellt er ein gerahmtes Foto von Pier auf, das in der Höhe des Halses eine kleine Widmung trägt: »Immer näher bei Dir«.

Wenn es auch scheint, dass Dean am Anfang Pier Angeli als perfektes Alibi benutzt hat, um Gerüchten über seine Homosexualität entgegenzutreten, so ist es doch sehr gut möglich, dass er sich wirklich in sie verliebt hat und sogar vorhatte, sie zu heiraten. Je länger sich die Bindung der beiden mit der Zeit vertieft, desto häufiger werden in Hollywood erste Vermutungen über eine eventuelle Hochzeit laut. Ein Journalist fragt Jimmy eines Tages, ob er vorhabe, die junge Frau zu heiraten, und ob er sich nicht zu unreif für einen solchen Entschluss fühle. Der Schauspieler meint darauf lakonisch: »Eine Heirat zwischen mir und Miss Pizza … Wer weiß?«

Den Freuden, die ihm das Leben im Augenblick bietet, fügt er zwei weitere Glanzlichter hinzu: Er kauft sich den schon erwähnten roten MG 53, mietet etwas später ein Häuschen an der Sutton Street 14611 in Sherman Oaks, einem Nobelviertel von Los Angeles, an. Dort kommt er so oft wie möglich mit Pier zusammen. Einige Jahre später wird die Schauspielerin einer Wochenzeitschrift Erinnerungen an ihre Lovestory preisgeben: »Wir verbrachten unsere Tage am Strand. Wir saßen ruhig zusammen und plauderten oder wir tollten herum wie Kinder. Wir sprachen über uns, über unsere Probleme, unseren Beruf, das Leben und den Fortbestand der Seele. Manchmal begnügten wir uns damit, am Meeresufer entlangzulaufen, ohne zu sprechen, denn unsere Liebe war so stark, dass sie ohne Worte auskam. Wir lebten in vollkommenem Einvernehmen. Wir waren wie Romeo und Julia – untrennbar verbunden. In manchen Momenten am Strand war die Kraft, die uns zueinander zog, so mächtig, dass wir Lust hatten, einander an den Händen zu nehmen und uns gemeinsam in den Ozean zu stürzen! Aber nicht, dass Sie jetzt glauben, dass wir uns umbringen wollten, dass wir todessehnsüchtig waren! Wir liebten das Leben viel zu sehr! Für uns war nicht wichtig, zusammen bei Premieren oder in den Lokalen gesehen zu werden, die gerade »in« waren. Wir brauchten es auch nicht, dass man über uns in den Klatschrubriken sprach oder unsere Anwesenheit bei Empfängen vermerkte, wo sich die Crème de la crème von Hollywood versammelte. Manchmal stiegen wir ins Auto und fuhren ganz ohne Ziel los; wir gingen einfach einen Hamburger essen oder sahen uns im Autokino einen Film an. Wir waren so unschuldig, dass ein Nichts genügte, um uns glücklich zu machen.«

In Piers Augen scheint es selbstverständlich, dass Jimmy sie über kurz oder lang heiraten würde. Sie scheint mit hartnäckiger Entschlossenheit darauf hinzuarbeiten, dass er ihr den Ring über den Finger streift. Dies löst schließlich ernsthafte Unstimmigkeiten zwischen ihnen aus. Ende August 1954, als die Dreharbeiten zu *Jenseits von Eden* endlich abgeschlossen sind, reist James Dean nach New York ab, wo er fürs Fernsehen in *Run like a Thief* spielen wird. Das Problem mit der Hochzeit lässt ihm keine Ruhe. Er vertraut seine Herzensnöte schließlich seiner Agentin Jane Deacy an, die ihm den vernünftigen Rat gibt, nichts zu unternehmen, bevor er sich nicht hinsichtlich seiner Zukunft sicher sei. Außerdem besteht da das Hindernis der *mamma.* James Dean hat als Ziehkind einer Quäkerfamilie im Mittleren Westen keinerlei Erfahrung mit besitzergreifenden südländischen katholischen Müttern. Signora Pierangeli hat bereits früher die Andeutung eines Flirts zwischen ihrer Tochter und Kirk Douglas mit einer abgrundtiefen Missbilligung aufgenommen, die sich, gelinde gesagt, als wirksam erwiesen hat, und so wird sie nun wohl nicht gerade angesichts einer Liaison, die ihrem Geschmack nach geradezu widernatürlich ist, ein Auge zudrücken.

Das Bild James Deans in der Presse ist übrigens trotz des Bonus, den er durch seine »Verbindung« mit der süßen Pier Angeli einstreichen kann, im Allgemeinen negativ. Als er die gefürchtete Reporterin Hedda Hopper kennen lernt, die in Hollywood das Sagen hat, nimmt er sich kein bisschen zusammen, und sie schreibt prompt: »Das frisch gebackene Genie kam lässig ins Restaurant geschlendert. Er war gekleidet wie ein Landstreicher und blieb stumm wie ein Fisch, bis er sich an einem Tisch neben dem meinen niedergelassen hatte. Mit der Schuhspitze zog er einen zweiten Stuhl heran, nahe genug, um die Füße darauf zu legen, wobei er mich aus den Augenwinkeln beobachtete. Plötzlich stand er auf, um die eingerahmten Fotos von Warner-Filmstars zu betrachten. Solche Fotos hingen überall an den Wänden. Er wählte eines aus, spuckte darauf, wischte seinen Speichel mit einem Taschentuch ab, und dann stürzte er sich wie eine ausgehungerte Hyäne auf das Essen, das man ihm serviert hatte.«

Maurice Zolotov fasst die Meinung der Presse zusammen, als er über den Schauspieler das folgende vernichtende Urteil abgibt: »James Dean ist brummig wie ein Bär, aggressiv und unverträglich. Es fehlt ihm jegliche Freundlichkeit, Sensibilität oder Rücksicht auf andere. Romantik? – Fehlanzeige. Sein Äußeres wirkt schmuddelig, er verabscheut es zu baden, zum Friseur zu gehen, sich zu rasieren oder saubere Kleidung anzuziehen. Die Schauspielerinnen, die mit ihm arbeiten, finden sein Ungepflegtsein teilweise unerträglich.«

Die Liebesbeziehung zwischen Jimmy und Pier Angeli endet abrupt am 29. September – sie hat nur drei Monate gedauert. Die Italienerin kündigt ihre Verlobung mit dem Schlagersänger Vic Damone an, sie werden am 24. November heiraten. Was ist geschehen? Alle Freunde Deans bezeugen eindeutig, dass Jimmy verwandelt, glücklich und umgänglich war, dass er davon sprach, in Pier verliebt zu sein, und dass er sich ihr gegenüber auch wirklich wie ein verliebter Mann verhalten hat. Wie viele Male hat er nicht in diesem Sommer 1954 geäußert: »Ich möchte sie zur Gefährtin all meiner Tage machen«? Die Schauspielerin hätte sich allerdings niemals mit der zweideutigen Situation einer wilden Ehe abgefunden, sie hätte es niemals zugelassen, dass er sich nicht vollständig zu ihr bekannte. »Zwei Wesen, die sich lieben, brauchen sich nur noch in der wärmenden Geborgenheit der Ehe zu vereinen«, sagt sie zu ihrer Zwillingsschwester Marisa Pavan, kurz bevor diese Jean-Pierre Aumont heiratet.

»Es ist etwas passiert, da bin ich mir sicher«, wird Jimmy erklären. »Ich vermute, während ich in New York war, haben ihre Freunde und ihre Familie sie so lange beredet, bis sie ihre Meinung über mich geändert hat. Ich denke, ich muss niemandem vormachen, dass mich die Sache nicht schmerzt, aber böse bin ich Pier nicht. Sie hat mich am Vorabend der offiziellen Bekanntmachung des Aufgebots verständigt, mir dabei aber nicht gesagt, wer der Glückliche ist. Als ich erfuhr, dass es sich um Vic Damone handelt, war ich sprachlos. Na ja, vielleicht mag sie seine Art zu singen. Ich hoffe, dass sie glücklich werden.« Einer von Jimmys Vertrauten meint, dass es dessen Umgang mit Alkohol gewesen sein könnte, an dem diese schöne Geschichte gescheitert ist: »Er wurde schnell betrunken. Dabei wurde er unausstehlich und änderte sich um hundertachtzig Grad. Er verlor vollkommen die Kontrolle über sich selbst und konnte ausgesprochen böse oder sogar gewalttätig werden. Das war wirklich wie Doktor Jekyll und Mister Hyde. Es hieß von ihm, dass er seine Freundinnen schlägt. Er ist wohl mit Pier ein bisschen zu weit gegangen und sie hatte schlicht und einfach die Nase voll.«

Der Bruch tut deswegen nicht weniger weh. Der junge Mann ist empfindlich in seinem Stolz verletzt. »Dies hat ihn schrecklich verwundet«, bestätigt Bill Bast. »Er hat über alle Maßen gelitten, genauso, wie er sie über alle Maßen geliebt hat.«

Das Paar Angeli/Damone wird nur vier Jahre zusammenbleiben. Später wird Pier immer wieder sagen, dass Dean die große Liebe ihres Lebens war. Es wird erzählt, dass Jimmy am Tag der Hochzeit draußen vor der Kirche auf seinem Motorrad wartete, bereit, die Schauspielerin zu entführen, falls sie ihre Meinung ändern sollte. Aber diese Erzählung gehört wohl eher in den Bereich der Legende. Vielleicht hatte Pier Angeli Zweifel, wie sich ihre Zukunft mit Dean gestalten würde. Würde er ein verantwortungsvoller Ehemann sein? Würde er nicht vielleicht eines Tages genug von ihr haben? Würde er ihr treu sein? Könnte sie sich, ohne Angst, wegen ihm rot werden zu müssen, an seinem Arm in dieser kosmopolitischen, blasierten Gesellschaft von Hollywood zeigen, wo man jeder anderen Erkenntnis zum Trotz darauf beharrte, dass Kleider Leute machen, und darüber hinaus nichts gelten ließ?

Joe Hyams' Enthüllungen werfen ein neues, ganz ungewöhnliches Streiflicht auf das Nachspiel dieser zu Ende gegangenen Lovestory:

»Ich war zu Jimmy unterwegs, um wegen eines Autorennens mit ihm zu reden. In dem Moment, als ich in seine Allee einbog, kam mir ein Auto entgegen: Pier Angeli war am Steuer. Ich hupte und winkte ihr zu, aber sie begnügte sich damit, mir kurz zuzunicken. Ihr Gesicht war tränenverschmiert. Ich fand Jimmy bleich und abgespannt vor und sagte mir, dass es wohl besser wäre, ihn allein zu lassen. Bevor ich ging, fragte ich ihn, ob ich etwas für ihn tun könne. Er ballte mehrmals hintereinander die Fäuste, wie in einem Krampf.

›Zu spät!‹, sagte er mit erstickter Stimme. ›Das Übel ist schon geschehen: Pier erwartet ein Kind.‹

Mir war bekannt, dass sie sich seit Piers Heirat mehrere Male gesehen hatten, aber diese Neuigkeit traf mich wie ein Keulenschlag. Ich hatte verstanden, welcher Gedanke ihn quälte: Das Kind, das Pier erwartete, war vielleicht von ihm, und sie war mit einem anderen Mann verheiratet! Ich stand wie vom Donner gerührt da und wusste nicht, was ich sagen sollte. Ich fühlte mich vollkommen ohnmächtig. Plötzlich brach Jimmy in Schluchzen aus. Das erste und einzige Mal in meinem Leben habe ich einen Mann in den Arm genommen. Ich zog ihn an meine Brust und wiegte ihn sanft.«

Trotz des Leeregefühls, welches das Scheitern dieser Liebe, die nur einen Sommer gedauert hat, hinterlässt, manifestiert sich Deans ganzer Charakter gleich wieder in einer typischen Reaktion: Zuerst macht er seinen Emotionen in heftigen Ausbrüchen Luft, danach aber trägt er in der Öffentlichkeit eine übergroße Lässigkeit zur Schau.

In diese Zeit fällt eine eigenartige Begegnung mit Barbara Hutton, der Ex-Frau Cary Grants und Erbin eines sagenhaften Vermögens. Jimmy gefällt dieser Frau sofort, vielleicht wegen seiner Respektlosigkeit und seinem Sinn für Humor.

»Sie sind also die Dame, die jedes Mal ein bisschen reicher wird, wenn bei Woolworth eine Registrierkasse klingelt!«, frotzelt er zwischen zwei Bissen Hamburger.

Barbara bricht in Lachen aus, und Jimmy erzählt ihr von seinen ehemaligen ersten Gehversuchen als Handelsvertreter: Eine Woche lang hat er Flaschenöffner vorgeführt und er ist sogar ein paar Tage lang mit Enzyklopädien hausieren gegangen. Die meisten Hausfrauen haben ihm die Tür vor der Nase zugeschlagen. »Madam, hätten Sie die Freundlichkeit, wieder aufzumachen, meine Krawatte ist eingeklemmt!«, brüllt er und hält sich beim Erzählen den Bauch vor Lachen.

Er stellt Barbara eine Unmenge Fragen über die Reisen, die sie gemacht hat, die Leute, die sie mag, und die Gedichte, die sie schreibt. So hört er ihr stundenlang zu und unterbricht sie nur selten. Als sie beschließt, dass es Zeit ist zu gehen, folgt er ihr und bietet ihr an, sie auf seinem Motorrad heimzubegleiten. Sie steigt ohne Zögern auf den Soziussitz. Und Dean beginnt zu beschleunigen. »Wenn du diesen Test durchhältst, dann weißt du, dass du auch alle anderen Prüfungen im Leben bestehen kannst!«, ruft er ihr zu.

Man darf annehmen, dass sie durchgehalten hat, denn als sie an ihrem Hotel angekommen sind, verkündet er ihr ohne Umschweife, dass er mit ihr aufs Zimmer kommen würde.

Sie entkorkt eine Flasche Champagner, und nun ist Jimmy an der Reihe, über sein Leben zu erzählen. Er erzählt ihr von dem rauschhaften Schwindel, der ihn jedes Mal erfasst, wenn er Risiken eingeht. Er sagt ihr auch, dass es die intensiven Momente seien, die ihn am Leben interessieren. Lange Zeit trinken und reden sie miteinander. Auf einmal streckt er sich auf der Couch aus und legt seinen Kopf auf Barbaras Knie.

»Es war spät, und wir hatten nicht wenig getrunken. So bat ich ihn zu bleiben«, beschreibt sie später die Nacht. »Er zog sein Hemd und seine Hose aus, dann schlüpfte er ins Bett. Ich legte mich sofort zu ihm. Wir machten es mehrmals hintereinander, dann schlummerten wir ein bisschen, dann schliefen wir wieder miteinander, und so bis zum Morgen. Er bestellte schwarzen Kaffee und Rühreier. Ich betrachtete ihn, wie er aß und dann hinausging und auf sein Motorrad stieg. Er fuhr los und verschwand – für immer.«

Eine weitere Ablenkung bietet ihm eine Reise nach Fairmont. Von Kopf bis Fuß in Leder ausstaffiert, wie Marlon Brando in *The Wild One*, braust er los in seinen Heimatort. Dort schließt er sich drei Tage lang ein, ohne mit jemandem ein Wort zu sprechen, dann unternimmt er endlose Wanderungen über das Land, bei denen er auf den Weiden Halt macht, um die großen Herden zu betrachten und vor sich hin zu sinnieren. »Ich liebe die Tiere, weil sie mich so akzeptieren, wie ich bin«, sagt er später einmal. Nach seiner Rückkehr sieht er sich im Kino einen Film nach dem anderen an – egal welchen, egal in welcher Sprache. Er betreibt häufig Schießübungen mit dem Karabiner, und die Leute schütteln die Köpfe und fragen sich, was das wohl wieder zu bedeuten habe.

Seit den ersten inoffiziellen Vorführungen von *Jenseits von Eden* kündigt die amerikanische Presse den Film in den höchsten Tönen an. Von James Dean spricht sie als dem »jungen Genie«. Ein Kritiker lässt die Öffentlichkeit wissen: »Ein amerikanischer Landbursche, seine Augen lassen dich an ein verletztes Tier denken. Merkt euch gut seinen Namen: James Dean. Er ist die größte Hollywood-Entdeckung seit Brando.«

Der Reporter der *New York Herald Tribune* schreibt im selben Stil: »Sogar aus der Ferne erfährt man eine Menge über ihn – allein schon aus der Art, wie er läuft, die Hände in den Taschen und mit gesenktem Kopf, traurig wie ein Hund, der auf einen Knochen wartet. Er will oft zu viel auf einmal sagen. Wenn er spricht, dann verhaspelt er sich. Wenn er zuhört, dann streckt er sich auf dem Boden aus oder rollt sich zusammen.

… denn sie wissen nicht, was sie tun

Warten auf den Ruhm. James Dean gibt der Presse Einblick in seine Gemütsverfassung: »Ich empfinde mich als diabolische Gestalt«, erklärt er gegenüber der *Los Angeles Times*, »als ein Teufel, der ernst und hartnäckig an seine Sache herangeht … Ich glaube, für meine Umgebung muss ich unerträglich sein. Ich begreife nicht, wie man es in einem Raum mit mir aushalten kann. Jedenfalls bin ich sicher, dass ich mich selbst nicht ertragen könnte.«

Vor dem nächsten Film fährt er wieder nach Fairmont, diesmal in Begleitung des Fotografen Dennis Stock, der für das *Life Magazine* eine Serie von Aufnahmen von ihm erstellen soll. »Merkwürdigerweise«, sagt dieser, »verhielt sich Jimmy, als ob es das letzte Mal sei, dass er diese Orte und seine Familie sieht.« Der Aufenthalt verläuft in eher fröhlicher Stimmung. Der Schauspieler posiert mit jedem Tier auf der Farm. Der einzige seltsame Zwischenfall ereignet sich, als ein Transport mit Särgen vorbeikommt. Dennis erzählt: »In dem Moment legte sich Jimmy in einen der Särge und bat mich, ein Foto zu schießen. Wir hatten ziemliches Glück, dass er wieder heraus war, bevor die Polizei sich einmischte.« Der Fotograf folgert: »Jimmy wusste, dass er die Farm nie mehr wieder sehen würde. Darum posierte er auch für das letzte Foto vor den Gebäuden mit seinem Hund Tuck, der ihm den Rücken zuwendet. Damit sagte er auf seine Art:

›Man kehrt niemals nach Hause zurück.‹ Ich will damit nicht unterstellen, er habe bereits gewusst, dass er sterben würde. Er spürte nur, dass all dies einer vergangenen Zeit angehörte und dass es ihm unmöglich war, noch einmal das zu werden, was er früher gewesen war.«

James Dean kommt Ende 1954 wieder nach New York. Er bezieht wieder seine Wohnung im vierten Stock des alten Gebäudes an der Achtundsechzigsten Straße. Sein Vertrag mit der Warner schließt jegliche Arbeit am Broadway aus und er steht ohnehin bereits in Verhandlungen mit Nicholas Ray für seine nächste Filmrolle. Er verbringt diese Tage in einem wahren Fieber: Praktische Übungen im Actor's Studio, Vorlesungen, Fotografieren, Bongospielen, Tanzunterricht bei Eartha Kitt …

In New York wird er von Howard Thompson – damals ein junger Reporter bei der *New York Times* – interviewt. Jimmy trifft verspätet ein und macht es sich auf dem Fußboden bequem. »New York ist unentbehrlich für mich«, erklärt er. »Ich brauche das Leben hier, ein Leben im Rhythmus der Stadt. Außerhalb New Yorks verstehe ich die Leute nicht mehr, ich fühle mich verloren.« Über seinen Beruf befragt, fasst er sich kurz: »Schauspielen ist für mich der naheliegendste Weg, über den sich die Neurosen der Menschen zum Ausdruck bringen lassen – angesichts des großen Bedürfnisses, uns auszudrücken, das wir alle haben. Meiner Meinung nach steht für einen Schauspieler sein Lebensweg bereits in der Wiege fest.« Die Bedingungen seines Vertrags mit der Warner? »Neun Filme über einen Zeitraum von sechs Jahren.« Hat er das Recht, Drehbücher abzulehnen? »Dem Vertrag nach – nein. Von der emotionalen Seite her – ja. Die können mich auch entlassen. Das Geld ist dabei nicht meine Sorge. Verstehen Sie mich nicht falsch: Ich bin keiner von diesen Superklugen, die an Hollywood alles schlecht machen wollen. Nur geht es für mich darum, mich nicht zu verlieren.«

Ende Februar 1955 hat er allmählich auf anderes Lust als auf New York. Der Winter ist dort besonders hart. So plant er, nach Kalifornien zurückzukehren, aber die Warner möchte, dass er wegen der Premiere von *Jenseits von Eden*, deren Erlös dem Actor's Studio zugute kommen soll, in New York bleibt. James Dean weigert sich, seine Abreise aufzuschieben. Die Studios tun ihr Möglichstes, ihn umzustimmen – vergebens. Er bleibt unbeugsam: »Das ist eine Szene, die ich niemals spielen könnte. Ich käme nicht damit klar.« Die Premiere findet am 9. März 1955 statt. Siebenhundert geladene Gäste halten nach dem Star Ausschau. Jimmy hat sich einige Tage zuvor in ein Flugzeug nach Kalifornien gesetzt und sich aus dem Staub gemacht.

Er beschließt, an einem Autorennen teilzunehmen, das vom Californian Sports Car Club in Palm Springs organisiert wird. Beim ersten Rennen treten Amateure und professionelle Fahrer gemeinsam an. Niemand hat Jimmy bisher auf irgendeiner Rennstrecke gesehen, er hat kein konsequentes Trainingsprogramm absolviert. Bei dieser Rallye steht er mit achtzehn Mitbewerbern, von denen einige Männer routinierte Fahrer sind, am Start. In schwarzer Lederkluft fährt er in den Startbereich ein und zieht den Riemen seines Rennfahrerhelms fest. Dann fährt er so konzentriert, dass er bereits kurz nach dem Start in Führung liegt. Diesen Vorsprung kann er bis zum Schluss halten. »Am Anfang dachten wir, dass hier ein Hollywood-Schauspieler für sich etwas kostenlose Publicity machen will«, gibt ein Konkurrent zu,

»aber wir mussten sehr schnell einsehen, dass wir uns geirrt hatten. Er hat uns alle hinter sich gelassen.«

Durch seinen Sieg angespornt, geht Dean am Tag darauf in ein weiteres Rennen. Er wird Dritter, als einziger Amateur unter rund vierzig Profifahrern. An diesem Tag erhält er einen weiteren Pokal überreicht, aber mehr noch als über diese Ehrungen freut er sich über die Bewunderung, die ihm Ken Miles, ein alter Hase im Rennbetrieb, zollt. Miles definiert Deans Fahrstil folgendermaßen: »Tempo war das Einzige, was für ihn zählte. So schnell wie möglich von A nach B kommen, das war sein Ziel – immer Vollgas. Er nahm den jeweils kürzesten Weg, ohne sich um Hindernisse zu kümmern.«

Zu dem Zeitpunkt, als ihm der Drehbuchautor Stewart Stern im Auftrag Nicholas Rays ein Skript zu ... *denn sie wissen nicht, was sie tun* vorbeibringt (»Werfen Sie einen Blick rein und sagen Sie mir, ob es Sie interessiert«), bereitet sich Jimmy gerade auf ein Motorradrennen in Santa Barbara vor. Außerdem möchte er Motoball – Fußball auf Motorrädern – trainieren. Mit einem Wort, er bereitet sich auf eine blendende Draufgängerkarriere vor. Halsbrecherische Aktionen liefert er übrigens auch im Alltag. Anfang 1955 entgeht er dem Tod nur um ein Haar, als er am Sunset Boulevard eine rote Ampel missachtet. »Wir drohten ineinander zu rasen«, erzählt der Fotograf Phil Stern. »Wir stiegen beide bis zum Anschlag in die Bremsen. Es hätte nicht viel gefehlt, und ich hätte ihn totgefahren. Wenige Zentimeter! Ich lehnte mich aus dem Fenster und fluchte laut, während Dean mit einem verdatterten Lächeln von seinem Motorrad stieg.«

Seinem Image getreu, kommt Jimmy drei Stunden zu spät zum Interview, das er Louella Parsons geben soll. »Mittelgroß, schlank, muskulös. Er ist noch kurzsichtiger als eine Eule, die sich im Sommer um vier Uhr nachmittags an den Strand von Malibu verirrt hat, und trägt eine Brille mit Stahlfassung. Sein blondes Haar sieht aus, als ob einmal in sechs Monaten jemand mit der Heckenschere drübergeht. Er trägt einen weiten roten Pullover mit Löchern an den Ellbogen und Reithosen, die an den Knien mit einem Messer bearbeitet zu sein scheinen, so abgeschabt sind sie. Lassen wir ihm das Wort: ›Miss Parsons, Sie dürfen sich sagen, dass Sie mich an einem meiner guten Tage erleben. Ich habe mich für Sie in Schale geworfen. Für gewöhnlich bin ich viel nachlässiger gekleidet.‹ Begehen Sie aber nicht den Fehler, ihn für einen Wichtigtuer zu halten. Es gibt nichts, was ihn jetzt oder in der Zukunft infizieren könnte. Er hat die Reinheit eines ungeschliffenen Diamanten. Er lächelt und seine Wärme, seine Vitalität und sein Charme schweben im Raum, verleihen ihm Leben, erfüllen ihn. Er zeigt sich als Naturbursche, schroff, dann wieder offenbart er urplötzlich etwas Weiches und Südländisches. Ich bin mir sicher, dass das Leben in Hollywood jetzt, da er sich hier niedergelassen hat, sehr viel spannender wird.«

Jenseits von Eden hat den Konflikt zwischen der Gefühllosigkeit eines Vaters und dem Liebesbedürfnis eines Heranwachsenden mit schonungsloser Eindringlichkeit geschildert. Eine ganze Generation beginnt, sich mit James Deans und Cals Schmerz zu identifizieren. Mit *… denn sie wissen nicht, was sie tun* wird diese Identifikation noch klarere Formen annehmen.

»Wir umschlichen einander, wie es zwei Kater tun«, beschreibt der Regisseur des Films, Nicholas Ray, sein Vorgehen. »Wir fuhren nach New York, weil ich den Ort kennen lernen wollte, wo er wohnt. Oh, sein Zimmer hätten Sie sehen sollen … Ein mit Büchern und alten Schachteln voll gestopftes Kabuff. Wir blieben etwa eine Woche zusammen, spielten Basketball, gingen ins Kino oder gingen mit seinen Kumpels einen trinken. Als wir zu den Dreharbeiten nach Hollywood zurückkehrten, waren wir dicke Freunde geworden.«

Ray hat in Dean die Idealbesetzung gefunden, doch ahnt er noch nicht, welch immense Bedeutung Jimmys Beitrag zu dem Film erlangen würde. Filme wie *Der Wilde (The Wild One)* und *Saat der Gewalt* zeigen es: Die neue Jugend Amerikas ist eine Generation von Enfants terribles. In dieser Hinsicht bildet … *denn sie wissen nicht, was sie tun* mit diesen beiden Filmen zusammen eine Art Trilogie.

Die Story: James Stark, Student an einer kalifornischen Universität, muss sich bei Semesterbeginn vor einer Jury von Halbstarken beweisen, wenn er nicht als »Waschlappen« dastehen will. Die erste Mutprobe besteht in einem Messerkampf, bei dem niemand ernstlich verletzt werden darf. Buzz, der Chef der Gang, provoziert James und kämpft mit ihm. Aber Stork setzt sich entschieden zur Wehr und besteht die Messerprüfung bravourös. Am selben Abend kommt es zu einer weiteren Konfrontation zwischen den beiden jungen Männern, doch diesmal endet sie tragisch. Buzz wird getötet. James flüchtet, von Buzz' »Offizieren« verfolgt. Zwei weitere Burschen werden Opfer dieser tragischen Spiele.

Die Klappe zur ersten Einstellung fällt im März 1955. Ann Doran, die im Film Jimmys Mutter spielt, erzählt, dass er sich auf die ersten Szenen beinahe so vorbereitete, als stünde eine Geburt bevor. »Er ging in die Hocke und kauerte sich wie ein Kind im Mutterleib zusammen. In dieser Stellung blieb er eine lange Zeit. Schließlich stieß er ein leichtes, sehr leises Pfeifen aus und richtete sich auf. Nun war er drehbereit. Wir hatten einmal geprobt, und es war keine Wiederholungsaufnahme nötig.« Gerade mit diesem Bild eines eben erst aus seinem Kokon geschlüpften Wesens beginnt … *denn sie wissen nicht, was sie tun*: In Embryohaltung liegt James Dean auf dem Fahrdamm und drückt einen aufziehbaren Affen an sich, den er vor der Kälte schützt.

In Gesellschaft seiner jungen Kollegen – der damals sechzehnjährigen Natalie Wood, Sal Mineos, der einen einzelgängerischen und neurotischen Jungen spielt, und Dennis Hoppers – verspürt James Dean die nötige Geborgenheit. Für das Drehteam, den Regisseur und die Schauspieler wird dieser Film bald zu einer Art Familienangelegenheit. »Jimmys Anwesenheit elektrisierte uns«, erzählt Natalie Wood. »Er war von einer unerschöpflichen Geduld und Freundlichkeit. Niemals kehrte er den Star heraus. Wir tauschten untereinander unsere Eindrücke aus, wie gut der eine oder der andere spielte. Er bewertete sich selbst sehr kritisch, war niemals zufrieden mit seiner Arbeit und überlegte ständig, wie sein Spiel auf der Leinwand wirken würde. Wenn er eine Szene spielte, legte er ein so außergewöhnliches Talent und eine solche Meisterschaft an den Tag, dass er fähig war, die anderen mitzureißen, sodass sie auf ein ähnliches Niveau kamen wie er. Er interessierte sich nicht nur für seine Rolle, sondern für alle Aspekte des Films. Er kam auch dann zum Set, wenn er selbst dort nichts zu tun hatte.«

Jimmy tut sein Möglichstes, um sich in seine Figur hineinzuversetzen. Manchmal identifiziert er sich vollständig mit seinem Helden und reagiert so, wie dieser es tun würde. Man sieht ihn von Zeit zu Zeit mit ausgreifenden Armbewegungen übers Set laufen, um sich zu entspannen und zu konzentrieren, sodass man ihn für einen Sportler beim Training halten könnte. Nicholas Ray gibt ihm Handlungsspielraum. »Wenn ein Schauspieler eine Szene exakt so spielt, wie der Regisseur es verlangt«, führt Ray aus, »so ist das kein Spielen, sondern das Befolgen von Anweisungen. Man muss einem Schauspieler Raum geben, Freiheit, sich in der Rolle auszudrücken. Ohne diesen Freiraum ist er nichts weiter als ein seelenloser Roboter mit einer Reihe von Schaltknöpfen auf der Brust.«

Ist eine Szene besonders schwierig, so weigert sich Jimmy, mit seinen Partnern zu sprechen, und fordert absolute Stille: Solange er sich konzentriert, möchte er nicht gestört werden. Nicht nur einmal hält er den Produktionsablauf auf, indem er vorbringt, innerlich noch nicht bereit zu sein. So lässt er das ganze Team mehr als eine Stunde warten, bevor die Szene gedreht werden kann, in der er im Jugendclub randaliert, weil er betrunken und überreizt ist. Er schließt sich in seiner Garderobe ein. Dann, als er sich bereit fühlt, stürzt er hinaus und spielt sieben Minuten lang ohne Unterbrechung durch. Eine Klappe genügt und die Szene ist zur großen Befriedigung Nicholas Rays im Kasten.

Während dieser Dreharbeiten befasst sich Dean allen Ernstes mit dem Plan, selbst Regisseur zu werden. Er träumt davon, den *Kleinen Prinzen* zu verfilmen. »Ich muss alles wissen, was man wissen muss, um ein guter Regisseur zu werden«, erklärt er der Presse. »Das ist mein Ziel.« – »Schauspieler zu sein ist außerordentlich und verschafft kurzfristig eine große Befriedigung«, fügt er hinzu. »Aber es ist nicht das höchste Ziel meines Daseins. Von meinen Fähigkeiten her zieht es mich viel mehr zur Regie als zum Schauspielen. Eine weitere Frage, die über das Regieführen hinaus meinen Kopf beschäftigt, ist das Schreiben. Bisher schaffe ich es noch nicht, mich niederzusetzen und es zu tun. Ich bin zu jung und zu unerfahren dafür. Aber irgendwann einmal …«

Sein Privatleben könnte zu dieser Zeit nicht komplizierter sein. Er will so intensiv wie möglich leben: »Ich werde mich nicht mehr verlieben«, hat er zu Bill Bast gesagt. Dean treibt das typische Spiel der Hollywood-Newcomer, so viele Eroberungen wie möglich zu machen. Er hat mehrere Freundinnen zugleich, darunter auch Ursula Andress.

Die aus Bern stammende Schauspielerin ist gerade neunzehn Jahre als, als sie nach Hollywood kommt. Im Frühling 1955 ist sie ein Starlet, das keinen großen Wirbel macht – keine Skandale, keine Affären. Die Paramount hat ihr einen Siebenjahresvertrag mit einer Anfangsgage von zweihundertsiebenundachtzig Dollar pro Woche angeboten. Für die junge Schweizerin ist dies wie ein Hauptgewinn im Lotto. Sie weiß noch gar nicht richtig, wie ihr geschieht, jedenfalls aber hat sie gewonnen. Nun sind alle Hoffnungen berechtigt und alle Türen sind bereit, sich ihr zu öffnen.

Joe Hyams sorgt dafür, dass Jimmy und Ursula einander in einem Jazzclub am Sunset Strip vorgestellt werden. Beide stehen allem, was mit einer festen Ordnung und Vorurteilen zu tun hat, feindlich gegenüber und geben sich ungezwungen, nachlässig oder extravagant, wie es ihnen die Laune des Augenblicks gerade eingibt, einmal himmelhoch jauchzend, dann, übergangslos, gleich wieder zu Tode betrübt. Nur ist Jimmy ein Mensch, für den jeder Augenblick zählt. Sein wilder Lebensrhythmus ist zu atemlos für die junge Frau, die im Gegenteil eher von Natur aus die Neigung besitzt, die Dinge nicht zu überstürzen. Er wird die Sache bald leid und

Ursula selbst, die durch seine schnellen Stimmungsumschwünge, Schwermutsanfälle und Wutausbrüche zu oft aus der Fassung gebracht worden ist, macht keinen ernsthaften Versuch, ihn zu halten.

Stärker präsent ist Jack Simmons, sozusagen eine feste Einrichtung im Homosexuellen-Milieu von Los Angeles. Sein Stammrevier ist das Tropical Village, ein Strandclub in Santa Monica. Es ist nicht mit Genauigkeit festzustellen, wann sich Jimmy und Jack als Paar zusammengetan haben. Jedenfalls schläft Jimmy während der ganzen Dreharbeiten zu *… denn sie wissen nicht, was sie tun* regelmäßig in Simmons' Wohnung. »Jack war Dean absolut ergeben«, bezeugt Jonathan Gilmore. »Er bemühte sich, einen wichtigen Platz in Jimmys Leben einzunehmen, aber der verstand es, ihn auf Abstand zu halten.« Sidney Skolsky spielt in einem seiner damaligen Kolumnenartikel verdeckt auf die Affäre an: »Simmons ist immer mit Jimmy zusammen. Er bringt ihm Kaffee, Sandwiches oder alles andere, was er sonst noch verlangt. So hält er unerwünschte Zeitgenossen fern. Es gibt immer zu viele Leute, die versuchen, mit einem bisher wenig bekannten Schauspieler, der auf dem Weg ist, ein Star zu werden, Bekanntschaft zu schließen.« Die meisten, die es miterleben, sind der Ansicht, dass die Zuneigung einseitig ist. Jack mag Jimmy bewundern, aber er ist in dessen Augen nur ein treuer Begleiter, ein Knappe in seinen Diensten. Diese Beziehung, welcher Art sie auch immer sein mag, bleibt zweitrangig und sorgt bei Warner Brothers nicht übermäßig für Unruhe.

Jack Simmons hat in *… denn sie wissen nicht, was sie tun* eine kleine Rolle, er spielt eine Figur namens Cookie. Sal Mineo dagegen, auch er ist homosexuell, spielt neben Dean eine der Hauptrollen und er versucht ihn zu verführen. Aber Jack weiß das zu verhindern. (Zur selben Zeit führen die Produzenten übrigens Rock Hudson Partnerinnen zu und drängen ihn zur Heirat, um vor der amerikanischen Presse Hudsons Homosexualität zu verbergen.)

Zur gleichen Zeit sieht Jimmy Jonathan Gilmore wieder. Dieser schreibt später: »Wir haben ein paar Sachen miteinander gemacht. Ein, zwei Mal waren wir bei meiner Mutter, und der Rest – also, das ging nicht sehr weit.«

Auch neue Frauenbekanntschaften kommen hinzu. Jimmy trifft sich eine Zeit lang mit Maila Nurmi, die unter dem Pseudonym »Vampira« in Horrorfilmen spielt. Sie gehen häufig ins Googie's, ein Bistro am Sunset Boulevard. Ihre Beziehung bleibt rein platonisch. Diese große Brünette mit den auffallenden Beinen und dem Gesicht einer Tragödin ist acht Jahre älter als Jimmy und er ist mehr fasziniert als angezogen von ihr. »Es reizte mich«, sagt er später, »dahinter zu kommen, ob diese Frau von einer satanischen Kraft besessen war. Aber sie wusste gar nichts. Ich kam zu dem Schluss, dass an ihr überhaupt nichts von Interesse war, abgesehen von ihrer Maske als Vampira.«

Außerdem gibt es da Eileen Forham – brünett, klein, mit Feuer im Blick und dem Körper einer frechen jungen Göttin. Sie tanzt im Moulin Rouge, einem der chicen Nightclubs von Hollywood. Zwischen zwei Engagements jobbt sie als Verkäuferin im Supermarkt Magnin's. Sie teilt sich mit zwei anderen jungen Frauen ein kleines Appartement genau gegenüber der Mietwohnung von Dennis Hopper, der ein Kumpel von James Dean ist und mit ihm in … *denn sie wissen nicht, was sie tun* spielt. Eines Abends kommen Dennis und seine Freunde über den Flur und laden die drei

Mädchen ein, mit ihnen zu feiern. So lernen sich Eileen und Jimmy kennen. Sie ist sofort von ihm hingerissen und hat im Unterschied zu Ursula Andress Verständnis für seine Stimmungswechsel, Melancholieanfälle und Wutausbrüche. Sie ist erstaunt darüber, wie unsicher er trotz allem doch ist. »Er war unfähig, mit all dem, was im Augenblick mit ihm geschah, klarzukommen. Seine plötzliche Begeisterung für den Ruhm erschien mir irgendwie unwirklich. Eigentlich hasste er es ja, vorgeführt und vermarktet zu werden.«

Seine Freundschaften, seine Hobbys und seine Liebesgeschichten – in allem ist eine fieberhafte Unrast zu erkennen. Die Eile, mit der er seinen Wünschen nachgibt, hat etwas Tragisches an sich. Er geht vor, als wüsste er irgendwie, dass er nicht mehr lange zu leben hat, und als wollte er darum mehrere Leben gleichzeitig leben. Seine eigensinnige Versessenheit darauf, alles zu lernen, alles zu erreichen, alles in seinen Armen gefangen zu halten, oder auch, in jedem Bereich seine Erfahrungen machen zu wollen, erschließt sich in ihrem ganzen Sinn leider erst im Nachhinein – nach seinem Tod.

Zum Beispiel begeistert er sich für Musik: Er studiert Abhandlungen über Harmonielehre und flieht abends aus Hollywood, um bei einigen West-Coast-Bands als Drummer mitzuwirken. Außerdem befasst er sich nun auch mit plastischer Gestaltung: Er kauft blockweise Ton, aus dem er Masken entstehen lässt, die alle einen leidenden Ausdruck zeigen. Er hegt den Plan, nach Frankreich zu fahren und dort Cocteau, Picasso und Miró zu treffen, die er als seine Lieblingskünstler bezeichnet. Sein großer Traum: Einmal den Boulevard Montparnasse entlangzulaufen … Einmal kommen Freunde spätabends unangemeldet bei ihm vorbei und treffen ihn an, wie er mit einer großen rosa Muleta mit durchgedrücktem Kreuz vor einem Stuhl steht – er trainiert, ein Lehrbuch vor sich, für einen imaginären Stierkampf! Ganz zu schweigen von seinen Plänen bezüglich Bergsteigen, Skifahren und Rodeos …

In seinen drehfreien Zeiten und den Phasen zwischen zwei Rennen auf den kalifornischen Strecken zieht sich James Dean in die Villa Capri zurück, einen diskreten bohèmehaften Treffpunkt in Hollywood. Dort bildhauert er, hört unermüdlich ein und dieselben Schallplatten, lernt mit einer Pistole zu schießen und klebt Auszüge aus der Liturgie für kirchliche Eheschließungen in ein dickes Album. Man hat dieses Album wiedergefunden. Der letzte Satz, den Jimmy dort eingetragen hat, ist eine Bildunterschrift zu einem Kinderfoto: »In diesem Blick gibt es mehr Hoffnung als überall sonst auf der ganzen Erde.« Manchmal setzt er sich ans Steuer seines neuen, tiefer gelegten Porsche Spyder Le Mans, um eine Tour bei den Antiquitätenhändlern zu machen. Es kommt vor, dass er einen Laden betritt, sich in einen Sessel setzt und die Passanten jenseits der Scheibe betrachtet.

Bei all seiner Begeisterung für schnelle Sportarten spielt er auch gerne Schach und kann, allein vor seinem Brett, stundenlange Partien mit sich selbst spielen.

Sicher ist seine Persönlichkeit nicht ganz frei von einer gewissen Selbstinszenierung und dem Bestreben, ein bestimmtes Bild von sich zu vermitteln, doch dies ist ihm nicht leicht nachzuweisen. Vielleicht bereitet er unbewusst schon die Legende vor, die ihn überleben wird. Es ist nicht einfach, in einer so komplexen Seele wie der seinen zu lesen. Schnell zu leben ist jedenfalls sein Motto. Aber er sagt auch, dass er hundert Jahre leben müsste, um alles zu tun, worauf er Lust hat.

Obwohl ihn die Vorstellung von der Endlichkeit des Lebens nicht loszulassen scheint, macht ihm der Tod keine Angst. Jimmy ist mit ihm in gewisser Hinsicht vertraut, so wie es eben Schauspielern geht, die dem Tod in ihren Rollen häufig begegnen. Er behandelt ihn fast wie einen Freund, einen immer anwesenden Gefährten, den er zum Spaß ein wenig neckt. Sein ganzes Leben hat sich zu einer Art unaufhörlichem Wettlauf mit dem Tod entwickelt: Am Steuer seines Sportwagens fordert er ihn an jeder Kreuzung heraus. Seit seiner Kindheit hat er eine gewisse Neigung zum Makabren und hat sich daran gewöhnt, immer wieder mit dem Tod konfrontiert zu werden. Häufig zeigen seine Kritzeleien Totenköpfe und Gebeine. Er führt auch gern den Spruch »Live fast, die young, and leave a good looking corpse« im Munde.

Edgar Morin hat treffend bemerkt: »James Dean ist in seinem doppelten Leben – seiner wirklichen und seiner Leinwandexistenz – der perfekte Held der Jugendlichen. Er drückt seine und ihre Bedürfnisse und sein Aufbegehren in einem einzigen Impuls aus, der im englischen Originaltitel und im französischen Titel seines zweiten großen Films zum Ausdruck kommt. *Rebel Without a Cause,* beziehungsweise *La Fureur de vivre* sind beides unterschiedliche Facetten der einen großen und heftigen Forderung der Jugend nach Lebenssinn. Diese Jugend stellt sich mit aufbegehrender Wut und heftiger Lebensgier gegen eine Welt, die ihr keine Visionen mehr anzubieten hat, für die zu leben sich lohnen würde.

Die ungewöhnliche Persönlichkeit Jimmys, dieses Halbstarken, der die heiligsten Tabus Hollywoods bricht, hat ihm ermöglicht, weit mehr zu werden als nur ein begabter Schauspieler, der eine steile Karriere gemacht hat. James Dean ist in der Filmgeschichte vielmehr von Anfang an der Repräsentant eines noch nie da gewesenen gesellschaftlichen Phänomens. Seine Laufbahn beginnt zeitgleich mit dem Entstehen eines eigenartigen und bis dahin in Amerika praktisch unbekannten Lebensgefühls: Weltschmerz und das daraus resultierende Aufbegehren. Dean ist die lebendige Verkörperung dieses Überdrusses. Denn dieser nachdenkliche und trotzige junge Mann bildet keinen Einzelfall. Sehr schnell erkennen sich auf einmal Millionen Jugendlicher in diesem Schauspieler wieder, der es so gut versteht, ihnen zu zeigen, woran die Welt krankt. James Dean ist für sie wie ein älterer Bruder, der es als Erster gewagt hat, ihre Ansprüche zu artikulieren. Sein Name wird für sie zum Symbol ihres Aufstands.

James Dean steht für mehr als nur für die vorbildhafte Karriere eines einzelnen Stars. Er steht stellvertretend für eine ganze Jugendgeneration, die nach Befreiung und Selbstbehauptung ruft. Er, der zornige junge Mann mit dem wachen Blick für die Zustände in der Gesellschaft, gibt der Romantik ein neues Gesicht. Er zwingt die Erwachsenenwelt, sich selbst in Frage zu stellen, die veralteten Werte zu hinterfragen, an die sie sich anklammert. Aber Dean tut noch mehr. Er weist sie, mit seiner besonderen Art, vielleicht auch unfreiwillig, auf das dringliche Bedürfnis nach Zärtlichkeit hin …

François Truffaut formuliert 1956 Deans Besonderheit in folgenden Worten: »In James Dean findet sich die heutige Jugend ganz und gar wieder. Man hat dafür sehr negative Gründe angegeben, zum Beispiel das Aggressive, Getriebene, Besessene, Düstere, Pessimistische und Grausame, das er angeblich verkörpert. Aber in Wirklichkeit findet sie ganz andere, einfachere und harmlosere Merkmale anziehend: seine Art, Gefühle zu verbergen, die Fantasie, die er in allem beweist, die Reinheit, die nichts mit den üblichen Moralvorstellungen zu tun hat, aber strengere Maßstäbe setzt als diese, und die Empfindung, außerhalb der Gesellschaft zu stehen, die ihn und andere Jugendliche einerseits berauscht und stolz macht, andererseits aber auch bedrückt.«

Mit seiner Kleidung in ... *denn sie wissen nicht, was sie tun* gibt James Dean einen Stil vor, der zum Ausdruck einer Lebenseinstellung werden wird. Blue Jeans, weite Pullover, Lederjacken, aufgeknöpfte Hemden, der Verzicht auf die Krawatte und gewollt nachlässige Kleidung sind auffällige Zeichen für den Widerstand gegen die Konventionen der Erwachsenenwelt und für den Versuch, Fantasie und Männlichkeit zu beweisen.

Nicholas Rays Kameraführung ist gekennzeichnet von wilden Sprüngen, einem unruhigen Rhythmus, der durch einen Filmschnitt mit sehr schnellen Übergängen noch verstärkt wird, und überraschenden Blickwinkeln und Kameraeinstellungen – all dies ein bildlicher Ausdruck für die Unruhe des Jugendalters. Ray und Dean sind beide Desperados. Der Regisseur ist der Ansicht, dass das Leben nur in Grenzsituationen seinen Sinn zeigt, und der Schauspieler begibt sich in jede neue Rolle mit seiner ganzen Seele hinein. Alle beide arbeiten an diesem großartigen Film mit einem Eifer, als ob es um ihre ganze Existenz ginge, was sich in gewissem Sinne sogar bewahrheitet: ... *denn sie wissen nicht, was sie tun* wird beide unsterblich machen, aber mit Nicholas Rays Karriere geht es danach trotzdem bergab und James Dean kommt ums Leben.

Am Set wie außerhalb der Arbeit verstehen sich der Regisseur und der Schauspieler ausgezeichnet. Nicholas Ray ist derjenige, der Deans Schwächen und Stärken am besten begriffen – und vor allem akzeptiert – hat. In einem unvollendeten Buch spricht Ray ausgiebig von Dean und zollt ihm großes Lob. Wenn er mit viel Sympathie humorvoll gewisse Episoden aus dem Leben des Schauspielers schildert, bleibt er aber durchaus objektiv und kritisch. So vermitteln seine Erzählungen etwas von Jimmy, wie er wirklich war: »Er hatte Tage, an denen er sich nicht rasierte. Er zog einfach irgendetwas an, seine Kleidung war nicht immer frisch, und die Leute legten das unweigerlich als Akt der Revolte aus. Das stimmte aber nicht ganz. In gewisser Hinsicht spart so etwas ja Zeit, und Zeit vergeudete Jimmy nun mal nicht gern. Es spart auch Geld. Das ist ein einfacher Grund, an den man oft nicht denkt. Die meisten jungen Schauspieler sind arm. Bevor Cowboyhemden und Blue Jeans in Mode kamen, waren sie eine Arbeitskleidung und boten eine Möglichkeit, sich ohne viel Zeitaufwand bequem anzuziehen und dabei auch noch die Wäschereikosten niedrig zu halten. Wenn Jimmy darauf verzichtete, sich zu rasieren, so war es ebenso, weil er etwas Wichtigeres zu tun hatte.«

Nicholas Ray sieht sich mit Dean einem Schauspieler gegenüber, der Leben und Kunst stark miteinander verknüpft: »Nachdem ich ihn in New York gesehen hatte, war mein Eindruck, dass das Drama seines Lebens aus dem Widerspruch zwischen seinem Wunsch, sich zu geben, und seiner Angst, jemandem anzugehören, herrührte. Es war ein sehr tief verwurzelter Konflikt zwischen einer heftigen Sehnsucht und einem ebenso heftigen Argwohn. Die Intensität seiner Wünsche und Ängste verlieh seiner Suche nach Liebe bisweilen etwas Egozentrisches, etwas Neurotisches. Aber dahinter verbarg sich eine unendliche Verletzlichkeit, die mich zutiefst angerührt, ja sogar bestürzt hat.« Ray fügt hinzu: »Mir sind solche Konflikte auch von mir selbst her bekannt. Ich begriff außerdem, als ich Jimmy besser kennen lernte, dass ich ihm ein ideales Arbeitsklima schaffen musste, wenn ich wollte, dass unsere Zusammenarbeit den optimalen Erfolg brachte. Man musste ihm Geborgenheit vermitteln und er musste sich von Verständnis und Toleranz umgeben fühlen. So kam mir der Gedanke, dass es das Beste sein würde, ihn von Anfang an bei der Ausarbeitung des Films mit einzubeziehen.«

James Dean ist somit eigentlich der Co-Regisseur von *... denn sie wissen nicht, was sie tun*. Er hat die Figur des Jim Stark ganz eigenständig aufgebaut und eine Reihe von Szenen improvisiert. Er hat sich Gedanken darüber gemacht, wie sich die Zuschauer mit dem Helden identifizieren werden, und seine Erkenntnisse konsequent in seine Konzeption eingearbeitet. »Zu der Zeit, als er seine eigenen Recherchen für den Film betrieb«, schreibt sein Biograf David Dalton, »traf sich Jimmy mit Jugendlichen aus Randgruppen und entdeckte dabei, dass die Mehrzahl der Gangs ihre Vorbilder in Filmen sucht. Er fühlte sich moralisch verpflichtet, Jugendlichen, die keine positiven Identifikationsmodelle haben, eine Alternative zu bieten.«

Mag *... denn sie wissen nicht, was sie tun* heute auch etwas angestaubt wirken, was die Regie und die vereinfachende Sicht auf das Eltern-Kind-Verhältnis betrifft, so hat doch James Deans Spiel seine ganze Frische bewahrt. Sein Partner Sal Mineo erzählt: »Bei den Proben mit ihm mussten wir höllisch aufpassen. Er führte ohne Vorwarnung eigene

Dialogteile ein oder improvisierte mitten in der Szene. Ich hatte die Muster nicht gesehen und, ehrlich gesagt, verstand ich nach dem, was ich von Jimmy auf dem Set beobachtet hatte, eigentlich nicht das ganze Getue um ihn. Ich hielt ihn nicht für besonders gut. Aber dann sah ich das bereits geschnittene Filmmaterial und da fand ich ihn einfach wunderbar. Er saß genau hinter mir im Saal und ein halbes Dutzend Mal, wo er in einer Szene wirklich umwerfend war, drehte ich mich um, um ihn anzuschauen. Er hatte sein typisches Lächeln auf dem Gesicht, wurde fast rot und starrte verlegen zu Boden.«

Während Sal Mineos Zuneigung zu Dean von diesem niemals erwidert wurde, gingen Gerüchte um, dass Nicholas Ray etwas mit seinem jungen Schauspieler hätte. Dies scheint wenig glaubwürdig. Stewart Stern sieht im Verhältnis zwischen Dean und Ray eine Art Meister-Schüler-Beziehung, mit dieser Besonderheit: Jimmy war schrecklich hin und her gerissen. Er hatte ein großes Bedürfnis, Nick zu vertrauen, andererseits saß tief in ihm eine starke Scheu.«

Am 26. Mai 1955 schließt Nicholas Ray nach fast zwei Monaten die Dreharbeiten zu … *denn sie wissen nicht, was sie tun* ab. Ray und Dean hoffen, da ihr Einverständnis weitgehend perfekt war, bei einem zukünftigen Film wieder zusammenzuarbeiten. Am letzten Abend, so schreibt Ray, empfinden sie ein eigenartiges Widerstreben, das Set aufzuräumen und es zu verlassen:

»Jimmy und ich blieben allein bei der Warner im Studio zurück, alle außer dem Security-Mann waren nach Hause gefahren. Wir drehten unter den Scheinwerfern eine Runde um die andere, um uns zu vergewissern, dass wir nichts vergessen hatten. Wir wollten einfach nicht wahrhaben, dass wir zum Ende gekommen waren. Ich sagte: ›Gehen wir, hier gibt es nichts mehr für uns zu tun.‹ Dean stieg auf sein Motorrad und ich in meinen Wagen und wir brausten los in Richtung Stadt … An einer Ampel hielten wir, um uns voneinander zu verabschieden, aber sogar da wollten wir noch nicht zulassen, dass dies der Schluss war, und so suchten wir ein Restaurant, das nachts geöffnet hatte, um uns ein frühes Frühstück zu genehmigen.«

Porträts und Skizzen

James Dean ist kein Adonis. Mit Kurzsichtigkeit geschlagen, legt er seine Brille höchstens ab, wenn er vor die Kamera tritt. Auch wenn er verschiedene Sportarten ausübt, besitzt er nicht diese athletischen Schultern, die den populären Filmidolen der 50er-Jahre in den Augen ihrer weiblichen Fans ihre unwiderstehliche Anziehungskraft verleihen. Warum also übt er auf die Menschen eine solche Faszination aus? Zweifellos liegt es tatsächlich an seinem außergewöhnlichen schauspielerischen Talent. Er wirkt ganz einfach echt, natürlich und voller Kraft, wenn er Jugendliche spielt, die davon träumen, aus einer beängstigenden und unbarmherzigen Welt, an der sie leiden, auszubrechen.

Hat Dean eine vage Vorahnung seines tragischen Endes, wie sie manchmal bei Menschen vorkommt, denen ein früher Tod bestimmt ist? Jedenfalls gleicht er den von ihm gespielten Helden aufs Haar. Ihn verzehrt das gleiche brennende Verlangen, in seinem Dasein alles wissen zu wollen, und so erhebt er bereits in seinem ersten Interview die Forderung: »Ich will so intensiv wie möglich leben, bis zur Wurzel der Dinge vordringen, umfangreiche Erfahrungen sammeln und das Leben bis zur Neige ausschöpfen.«

Auch wenn er durch die Schule des Actor's Studio gegangen ist, bedeutet Schauspieler zu sein für ihn zunächst einmal, seine eigenen Beklemmungen, Ängste und uneingestandenen Sehnsüchte auszudrücken. »Jede neurotische Person«, sagt er, »hat das Bedürfnis, sich auszudrücken; das offenbart sich bei mir in meinen Rollen.« Oder: »Ein Schauspieler muss das Leben spielen und, damit ihm dies gelingt, alle Erfahrungen annehmen, die das Leben ihm bietet. Im Verlauf seiner kurzen Existenz muss er alles lernen, was es zu lernen gibt, und alles ausprobieren, was es auszuprobieren gibt.«

Der Filmkomponist Rosenman hat eine kluge Beobachtung gemacht: »Er wusste wenig, war aber begierig zu lernen. Er stellte mir tausend Fragen über Musik. Er war unheimlich verwandlungsfähig – mit mir war er Musiker, mit anderen wäre er Maler oder Ingenieur gewesen.« Deans Freund Bill Bast stellt sich jedoch recht deutlich der allgemein verbreiteten Meinung, dass Dean ständig sehr intensiv lebte, entgegen: »Im Alltagsleben war er kein außergewöhnlicher Mensch. Er konnte sogar ziemlich langweilig sein.«

Jimmy hat erkennbar Spaß daran, Menschen mit abstrusen oder provokanten Reden zu verunsichern – aus purer Lust, andere zu schockieren. In dieser Hinsicht benutzt er gern seine Freunde, um ihre Reaktionen zu testen, in derselben Weise, wie er brillante und kreative Menschen dazu braucht, ihm etwas beizubringen, wenn er meint, Bildungslücken zu haben. Doch gleichzeitig ist er scheu. »Jimmy hat Schwierigkeiten, zu jemandem Vertrauen zu fassen«, wie der Kolumnist Sidney Skolsky zutreffend schreibt. »Es ist ziemlich einfach, es sich mit ihm zu verderben.«

Alle, die Dean kennen, werden zeit seines Lebens das Gefühl haben, dass seine Persönlichkeit gespalten ist und ständig zwischen Optimismus und Melancholie schwankt.

Er ist hin und her gerissen zwischen dem Bedürfnis nach Vertrauen und Liebe und der Unfähigkeit, sich wirklich jemandem anzuvertrauen – dies mögen zum Teil Auswirkungen des frühen Todes seiner Mutter sein.

Man darf darüber jedoch nicht vergessen, wie viel Humor er in jeder Situation beweisen konnte. So berichtet der Produzent Arthur Loew jr.: »Obwohl er sich sehr ernst nahm, konnte er auch sehr witzig sein. Dass er fähig war, über sich selbst zu lachen, habe ich zum Beispiel bei unserer letzten Begegnung erlebt: Er war damals stark erkältet. ›Mit dem Show-Business steht es nicht zum Besten‹, sagte er heiser. ›Barrymore ist tot, und ich fühle mich auch nicht sehr gut.‹ Er untermalte den Witz, indem er sich meinen Mantel mit einer theatralischen Geste über die Schulter warf.«

Der Fotograf Roy Schatt erinnert sich an ihn als an einen Menschen, der »ein enormes, sich gerade erst entfaltendes Talent, einen überschäumenden Humor und einen angeborenen Sinn für halsbrecherische Situationen besaß. Er war immer lässig und gleichzeitig auf der Hut. Aber er konnte niemals ganz er selber sein. Er hatte es immer nötig, sich hinter einer gespielten Figur verstecken.« Manchmal unterhält er das Personal am Set mit ausgezeichneten Imitationen von Chaplin, Kazan oder Montgomery Clift – oder auch der Radiofigur Mr. Magoo, die Jim Backus erfunden und populär gemacht hat. »Er hatte wirklich ein Talent, in die Persönlichkeit seiner Rollenfiguren hineinzuschlüpfen«, berichtet ein Freund. »Er war sich bewusst, wie viel Magie im Schauspielerberuf steckt.«

Auf die Frage seines Freundes Roy Schatt, warum er immer eine Zigarette hinterm Ohr trage, antwortet er, sie sei dazu da, an der vorigen Zigarette angezündet zu werden, bevor er diese ausdrücke. Dann fügt er lachend hinzu: »In Wirklichkeit ist sie dazu da, dass du mich fragst, wozu sie da ist.«

»Er hätte einfach alles getan, um auf sich aufmerksam zu machen«, erklärt ein Verantwortlicher von Warner Brothers. Eines Tages reißt Dean sein Foto ab, das an die Wand gepinnt ist, weil »dieser Typ eine miese Fresse hat«. Ein anderes Mal sieht man ihn mit nacktem Oberkörper frühstücken, weil ihm sein Hemd nicht mehr gefällt. »Er konnte im wahrsten Sinne des Wortes nicht länger als eine Minute auf einem Platz bleiben«, erinnert sich Frank Corsara. »Man hatte sogar den Eindruck, dass seine Verrücktheit mit jedem Moment zunimmt.«

Abends findet man Jimmy häufig im Hamburger Hamlet auf dem Sunset Boulevard oder im Googie's, dem Restaurant nebenan. Da er keinen Alkohol verträgt, noch nicht einmal Bier, trinkt er die ganze Nacht nur Kaffee und raucht seine Chesterfield-Zigaretten. Er trägt seine ewige Kluft: ausgewaschene Jeans und Lederjacke. Endlos bleibt er im hinteren Teil des Raums mit ein paar Freunden zusammen sitzen. Die Schlaflosigkeit verfolgt ihn so hartnäckig, dass er fast nichts dagegen tun kann. »Er litt an der schlimmsten Form von Schlafstörungen, die ich je erlebt habe«, berichtet der Fotograf Dennis Stock. »Einerseits konnte er nicht schlafen, andererseits schlief er auch wieder ein, wo er gerade saß, an Orten und zu Zeitpunkten, wo man es nie erwartet hätte. Das dauerte dann einige Minuten oder mehrere Stunden. Dann wachte er auf und das Ganze begann von neuem.« Wenn Dean keinen Schlaf findet, steht er auf, um endlose, traurige Melodien auf seiner Blockflöte zu blasen. »Der Schauspieler ist das einsamste Wesen auf der ganzen Welt«, stellt er fest.

»Er ist vollkommen allein mit seiner Konzentration und seiner Fantasie, und das ist alles, was er hat …«

Er lebt so sehr in seinem Elfenbeinturm, dass dies manchmal zu den seltsamsten Situationen führt. Eines Abends sitzt bei Googie's ein Mädchen und trinkt friedlich ihre Limo, als James Dean daherkommt und sich in ihre Nähe setzt.

»Hi!«, sagt er und fängt an, mit seinen Händen auf der Theke zu trommeln. Seine Nachbarin trinkt ihr Glas aus und will aufstehen, um zu gehen. Da eröffnet er ihr:

»Ich würde dich gerne in den nächsten Tagen wieder sehen.«

Er möchte ihre Adresse und ihre Telefonnummer. Neugierig geworden, willigt sie ein. Zwanzig Minuten später läutet es an ihrer Tür. Es ist Jimmy, er hat seine Trommel mitgebracht. Er tritt in die Wohnung, nimmt Platz und beginnt zu spielen. Das dauert etwa drei Stunden. In der ganzen Zeit wechseln sie kein einziges Wort. Als er genug hat, steht er auf und geht. Sie sieht ihn nie mehr wieder.

Wenn Jimmy im Leben eine Therapie sucht, so findet er sie im Rennfahren. Während seiner Aufenthalte in Hollywood ist er in drehfreien Zeiten nur von einem besessen – in seinem Sportwagen oder auf seinem Motorrad herumzurasen. »Er war ganz vernarrt in diese verfluchte Maschine«, erzählt sein Agent Dick Clayton. »Er bot jedermann oder zumindest fast allen an, eine Runde mit ihm zu drehen. Also, ich glaube, er erschreckte die Leute gerne ein bisschen. Ich habe mich schließlich geweigert, diese verrückten Rennen auf dem Mulholland Drive mitzumachen, da er viel zu schnell fuhr.« – »Er war ein guter Fahrer, gewiss«, fügt Leonard Rosenman hinzu, »aber das genügte ihm nicht. Er musste der Schnellste, der Beste, der Tollste sein.« Doch die

Journalisten stellen seine Ambitionen als Autorennfahrer so hin, als ginge es lediglich um einen Werbeeffekt, und sein Auftauchen bei den Rennstrecken wird von den Profis zunächst ebenso bewertet.

Dean hasst es, dass man ihn so behandelt, als sei er ein kleiner Junge. Bei einem Rennen macht der Fotograf Frank Worth zahlreiche Fotos von ihm. Dean sieht die Serie durch, zieht eine Aufnahme heraus und streicht sie durch:

»Ich möchte nicht, dass das hier gedruckt wird.«

Worth erläutert: »Ich verstand nicht, wieso. Das Foto war gut. Es zeigte ihn, wie er sich über sein Auto beugt und am Motor arbeitet. Er sagte mir:

›Ich sehe auf ihm aus wie ein kleiner Junge – ein kleiner Junge, der sich den Finger verletzt hat oder sein Lieblingsspielzeug kaputtgemacht hat und nach seiner Mutter ruft. Ich wirke so, als ob ich mir wehgetan hätte und vor mich hin heule, aber laut genug, dass jemand mich hört. Ich möchte nicht, dass mich die Leute so sehen.‹«

Rennen, Beschleunigung, vorbeihuschende Bilder, das Rauschen des Windes und der Sound des Motors … »Dies ist der einzige Augenblick, in dem ich das Gefühl habe, ganz und gar ich selbst zu sein«, gesteht Jimmy ein. Mit seinem Porsche Spyder absolviert er ein hartes Trainingsprogramm. Er zwingt sich dazu, nachts zu fahren, »weil der Motor runder läuft« und die Straße freier ist. Es soll auch dazu dienen, seine Augenreflexe zu trainieren.

»Launenhaft? Ja, ich denke, das Wort passt auf James Dean«, bezeugt Isabel Draesmer, die seine erste Agentin gewesen ist. Ausgefallenes und pubertäres Verhalten ist Teil seiner Persönlichkeit. So präsentiert er sich, kurz bevor *Jen-*

seits von Eden in den Kinos anläuft, bei Interviews ungekämmt und in einem unmöglichen Aufzug. Er trägt einen violetten Pullover mit Löchern an den Ellbogen und Jeans, die an den Knien aufgeschlitzt sind, lange bevor dies in Mode kommt. Doch zur selben Zeit hält Kazan fest: »Jimmy war schrecklich narzisstisch. Nach seinem Vollblutpferd und dem Motorrad legte er sich eine komplette Fotoausrüstung zu. Ich sehe ihn noch heute vor mir, wie er dasteht und sich in seinem Spiegel fotografiert. Er hielt sich den Apparat vor die Brust, auf den Spiegel gerichtet und machte Foto um Foto. Diese Art von Ich-Bewusstsein durchzog auch seine Rollen. Er war wirklich besessen davon, welches Bild von sich er vermittelte.«

Das eine ist gewiss – nichts an ihm zeigt eine Ähnlichkeit mit all den pomadisierten und nichtssagenden jungen Hollywood-Beaus, denen man am Sunset Boulevard auf Schritt und Tritt begegnet. Sich zu verspäten hat er zum Prinzip erhoben. Sich exzentrisch zu zeigen ebenso. Einsamkeit ist notwendig für ihn. Er lässt sich von Büchern, Musik und auch der Architektur inspirieren. Bei einem Interview für einen New Yorker Radiosender äußert er, dass ihn die Azteken immer fasziniert haben. »Ich glaube, dass ich wie sie bin, denn ich beuge mich dem Schicksal. Ihre Schicksalsergebenheit hat es ihnen erlaubt, die besten, die tiefsten und die wertvollsten Seiten des Lebens zu erfassen. Ich möchte so intensiv wie möglich leben, gleichzeitig für die anderen und für mich selbst.« Sein Überreiztsein, sein Bedürfnis, sich zurückzuziehen sollten jedoch nicht dazu verleiten, ihn sich als durch und durch melancholischen Menschen vorzustellen. »Er konnte sich unwahrscheinlich am Leben freuen«, erinnert sich ein Freund. »Aber wenn es sich um seinen

Beruf handelte, war er sehr ernsthaft. Die Arbeit war ihm heilig und ging allem anderen vor.«

Seine Ambitionen als Schauspieler spiegeln sich in folgenden Sätzen wieder, die Bill Bast aufgeschrieben hat: »Nur einfach ein Schauspieler oder Regisseur zu sein, selbst ein guter, ist nicht genug. Meiner Meinung nach kann man ein Ziel nur dann erreichen, wenn man seine ganze Energie dafür einsetzt. Das Einzige, was die Leute daran hindert zu bekommen, was sie wollen, sind sie selbst. Sie legen sich zu viele Hindernisse in den Weg. Es ist, als ob sie Angst vor dem Erfolg hätten. In gewissem Sinn glaube ich zu wissen, woher das kommt: Erfolg bringt auch eine enorme Verantwortung mit sich, an der man umso schwerer trägt, je größer der Erfolg ist. Ich denke, wenn man keine Angst hat und es schafft, alles zu konzentrieren, was man ist und was man als Wert in sich trägt, und wenn man dann diesen Reichtum auf ein Vorhaben, auf ein Endziel richtet – dann kann man dieses Ziel auch erreichen. Wenn man die Welt so nimmt, wie sie ist, die Ereignisse auf sich zukommen und sie sich entwickeln lässt, so werden Dinge geschehen, die alles übersteigen, was man sich vorstellen kann. Das ist der Grund, warum ich an mir arbeite. Es reicht mir nicht, ein guter Schauspieler zu sein, und selbst wenn ich der beste wäre. Ich möchte wachsen. Wachsen, bis ich so groß bin, dass niemand an mich herankommen kann. Nicht um irgendetwas zu beweisen, sondern um dorthin zu gelangen, wohin man mit Sicherheit gelangt, wenn man sein ganzes Leben und alles, was man ist, einer einzigen Sache widmet.« Jimmy geht noch weiter: »Vielleicht wird Ihnen das verrückt oder egozentrisch erscheinen, aber ich denke, dass es für den Menschen nur eine einzige echte Art von Größe gibt. Wenn es ihm gelingt, die Kluft zwischen Leben und Tod zu überbrücken, also, wenn er noch nach seinem Tod weiterlebt, dann war er vielleicht ein großer Mensch. Wenn man von Erfolg spricht, so ist damit meistens gemeint, einen Gipfel zu erreichen. Aber es gibt keinen Gipfel. Man muss immer weiter und weiter fortschreiten, ohne jemals anzuhalten. Für mich liegt der einzige Erfolg, die einzige Größe für einen Menschen in der Unsterblichkeit. Dahin zu kommen, dass die Nachwelt sich an die Arbeit erinnert, die man gemacht hat, und etwas auf dieser Welt zu lassen, das über Jahrhunderte hinweg andauern wird – das ist Größe.«

In Wirklichkeit gelingt es James Dean mehr schlecht als recht, mit all seinen Ambitionen, Extravaganzen und Stimmungen zurechtzukommen: »Sein Gesicht drückt eine unendliche Einsamkeit und Trostlosigkeit aus«, hält Elia Kazan fest. »Man denkt unweigerlich: Gott, ist er schön! – Aber welcher Schmerz sitzt tief in ihm, welcher Fluch hindert ihn, sich den lichten Seiten des Lebens zuzuwenden?«

In der Öffentlichkeit gibt er sich häufig schroff und sogar ausfallend. Oft hat er Spielzeugautos mit dabei und beschäftigt sich, auf dem Boden liegend, mit ihnen, während er Interviews gibt. »Er hatte schreckliche Manieren«, erzählt ein Produzent. »Er ließ seine Zigarettenasche auf den Teppich fallen und führte sich auf wie ein Tier. Er war ein Flegel.« Wie ein Kind stellt er die Zuneigung seiner Freunde gerne auf die Probe. »Die einzige Art sicherzugehen, dass man ihn wirklich mochte, war für ihn, die Leute dazu zu bringen, es ihm sogar dann zu beweisen, wenn er schlichtweg ungenießbar war«, erklärt Stewart Stern. Ein Journalist schlägt vor, die Warner sollte ihn in einen von Dale Carnegies Kursen über den Umgang mit Menschen schicken, und der Chefredakteur eines Magazins erklärt einem Fotografen, der eine Reportage über Jimmy machen möchte: »Ich schaue mir gerne seine Fotos an, aber in natura bleiben Sie mir bitte mit dem Mann vom Hals.«

Es ist unvermeidlich, dass das exzentrische Benehmen James Deans die Kolumnisten von Hollywood veranlasst, ihn mit einem anderen für seine Eskapaden bekannten Schützling Kazans zu vergleichen, nämlich Marlon Brando. Der Journalist Sidney Skolsky schreibt: »Dean lässt sich am besten definieren, wenn man an Marlon Brando denkt, wie er vor sieben Jahren war.« Das ärgert Jimmy, der sich nicht vorwerfen lassen will, den Älteren zu imitieren. Manche seiner Freunde versuchen, ihn zu verteidigen. So wird einer von ihnen sagen: »Es war falsch, zu sagen, sein schlechter Ruf käme von seinem aufbrausenden Charakter. Er entstand eher daraus, dass er unumstößliche künstlerische Prinzipien hatte. Seinem Wesen nach hätte er den Leuten, mit denen er arbeitete, gerne vertraut. Erwiesen sie sich aber in künstlerischer Hinsicht für ihn als nicht kompetent, wandte Dean sich von ihnen ab. Er duldete in gewissem Maße nur Fehler, die eingestanden wurden. Persönlich wollte er sicher sein, seine Sache gut zu machen und gut angeleitet zu werden. Er wusste, dass er nur mit jemandem arbeiten konnte, der ihn verstand und ihn entsprechend in seiner Rolle führte. Für ihn war es unerträglich, wenn er mit ansehen musste, wie jemand sein Talent nicht richtig einsetzte.«

Im Großen und Ganzen hat die Reizbarkeit Jimmys im Umgang mit der Presse zwei Gründe: Vor allem hasst er Zeremonielle, Verpflichtungen und konventionelle Höflichkeiten. Zweitens hat er nur eines im Kopf, nämlich zu spielen, nicht aber, Stoff für den Gesellschaftsklatsch zu liefern, was er häufig in etwa dieser Weise zum Ausdruck bringt: »Ich bin nach Hollywood gekommen, um zu spielen, nicht um mich zu prostituieren.« Nicholas Ray hat sehr Treffendes über ihn in seinem Buch geschrieben: »Es gibt Momente, wo er sich vollständig zurückzieht und dir vollkommen entgleitet, er ist bekümmert und die Last der Welt erscheint ihm zu schwer. Zu einem anderen Zeitpunkt versucht er mit einer fast unerträglichen Anpassung Sympathie und Aufmerksamkeit zu erhalten. Er ist ein Wesen, das niemals ganz domestiziert worden ist und das ein uraltes Wissen von einem freieren und einfacheren Leben in sich trägt. Er fühlt sich in der Welt, in der er lebt, nicht besonders wohl, und von Zeit zu Zeit versucht er, sich aus ihr zurückzuziehen, aber er kommt immer zurück, weil es keine andere Welt gibt.«

Bekundet es nicht die tiefste Verachtung für Hollywood, wenn Jimmy erklärt: »Ich beginne Caligula, den verrückten Kaiser, zu begreifen. Er hielt sich für einen Gott. Um eine Laune zu befriedigen, befahl er jemandem, etwas Lächerliches und Erniedrigendes zu tun, etwas, das geeignet war, diesem Menschen seine Würde zu nehmen und ihn aufs Grausamste zu demütigen. Wenn der Mann seinem Wunsch nachkam, ließ ihn Caligula angewidert köpfen, da er auch in seinem Wahnsinn begriff, dass jemand, der sich so demütigen ließ, nicht würdig war, weiter zu leben. Weigerte sich der Mann aber zu gehorchen, so ließ ihn Caligula zur Strafe ebenso enthaupten. Vor diesem Menschen aber hatte er Respekt. Sehen Sie, genauso sind die Leute in Hollywood. Mit all ihrer Macht und ihrem Reichtum bilden sie sich ein, dass sie Götter sind. Sie zahlen armen Burschen, Narren wie mir, etwas dafür, dass sie sich vor ihnen produzieren. Sie sollen in Hollywood wichtigen Leuten schöntun und vor ihnen zu Kreuze kriechen, um sie dazu zu bringen, sie zu beachten und sie zu protegieren. Sicher, diese armen Teufel legen manchmal keine schlechte Show hin – und warum auch nicht? Sie glauben, dass ein paar Kapriolen ihnen die Gunst des einen oder anderen großen Bosses verschaffen werden.

Was aber die meisten nicht wissen, ist, dass sie letzten Endes nichts als einen Tritt bekommen. Ich glaube, in gewisser Hinsicht kann man den jungen Schauspielern daraus keinen Vorwurf machen, denn von Zeit zu Zeit kommt es auch vor, dass einer nicht gleich wieder rausgeschmissen wird. Ja, es kommt vor, dass sich die Show auszahlt. Dann lässt man ihnen großzügig eine Einladung zum Vorsprechen oder für ein paar kleine Probeaufnahmen zukommen. Aber wie viele von diesen Glückspilzen haben schon Format genug, um Kapital aus der Gelegenheit zu schlagen? Nun, egal, irgendwie kommen sie unter. Ich selbst habe auch mal versucht, bei diesem Zirkus mitzumachen. Ich war ein Idiot. Ich glaubte, damit könnte ich etwas erreichen. Aber man braucht nicht lange, um sich vom Gegenteil zu überzeugen. Jetzt hat es ein Ende mit diesem Spiel. Wenn ich nicht mit meinem Talent Erfolg habe, dann will ich lieber gar keinen Erfolg. Ich weiß eines: Vielleicht werde ich nicht mehr in diesem Babylon arbeiten, aber ich werde mir wenigstens eine gewisse Würde bewahren. Diese Kreaturen werden mich vielleicht rausschmeißen, aber sie werden mich respektieren.«

»Es quält ihn so vieles«, bekräftigt Nicholas Ray, »und nicht immer gelingt es ihm, die Dämonen auszutreiben, die in seiner Fantasie herumgeistern – sie wollen nicht verschwinden. Ich habe die Vermutung, dass seine extreme Kurzsichtigkeit damit zu tun haben könnte. Die Ärzte haben diagnostiziert, dass sie bei ihm Denk- und Gedächtnisstörungen auslösen kann. Diese Beeinträchtigung liefert in meinen Augen eine recht schlüssige Erklärung für die Schwankungen in James Deans Verhalten.«

Der Journalist William K. Zinsser schreibt: »Alles an James Dean lässt an einen einsamen, unzufriedenen und sich unverstanden fühlenden Jugendlichen denken. Wenn er spricht, so tut er dies stockend und mit Pausen, unsicher über das, was er zu sagen versucht. Wenn er dagegen zuhört, so ist er voller Energie: Er konzentriert sich wie ein Gepard, der aus vollem Lauf heraus zum Sprung ansetzt.«

Der Fotograf Dennis Stock erklärt: »Er wirkte nach außen hin eher lässig oder träge, aber dahinter verbarg sich eine vielseitige und ungestüme Tatkraft. Er war wie ein Raubtier, ruhelos unterwegs bei Anbruch der Nacht.«

Das amerikanische Publikum reagiert häufig mit Erstaunen, Schuldgefühlen und Rührung auf die Verletzlichkeit, die aus Deans Persönlichkeit und der seiner Helden spricht.

»Wenn er lachte, so versuchte er oft sein Lachen zu unterdrücken, als sei er verlegen darüber, allzu überschwänglich zu sein«, meint Sandford H. Roth. »Er hatte einen nüchternen praktischen Menschenverstand – da kam die Erziehung in einer Quäkerfamilie zum Vorschein. Er wusste, dass die Erde rund ist, aber er unternahm unablässig den Versuch, sich das auch zu beweisen. Und wenn er Gefahr spürte, so zog er sich sofort zurück wie eine Schildkröte, die sich in ihren Panzer verkriecht. Er war quirlig, aber in ihm saß die Sehnsucht nach einer guten alten Zeit. Jimmy verabscheute Pressekonferenzen. ›Das ist die Art von Veranstaltung‹, sagte er, ›wo man hundert Leuten gleichzeitig von sich erzählen soll. Öffentliche Bekenntnisse – nein danke.‹«

Seine Gegner bezeichnen ihn als Egozentriker, als ungebildet, als Angeber, als derben Bauern und sogar als Karrieresüchtigen, der dafür ohne Bedenken alles tun würde und sogar seinen besten Freund ans Messer liefern würde. Was soll aus Amerika werden, wenn dies seine neuen Götter sind?

Die Göttin Elizabeth Taylor hat die Widersprüchlichkeit des Helden sicher am besten auf den Punkt gebracht. »Ein kleiner Anstoß genügte ihm schon, um über jedes beliebige Thema zu reden. Er war so brillant und genial, dass ich immer den Eindruck hatte, er würde gleich explodieren. Die Vorstellung, die er bei mir erweckte, war die eines Superschülers, der scheinbar alles gelernt hat, ohne einen Unterricht zu besuchen, und dessen Intelligenz auf seinen regelmäßigen Umgang mit der Erde, den Bäumen und dem Wind zurückzuführen ist. Ja, sein Temperament war ein Rätsel. Ohne den geringsten Übergang konnte seine Stimmung von Niedergeschlagenheit zu Wut umschlagen. Manchmal folgte darauf eine große und tiefe Traurigkeit. Nun, es war nutzlos, ihn verstehen oder ihm zu Hilfe kommen zu wollen. Man verlor nur seine Zeit. Jimmy war unzugänglich. Er mochte seine Rollen brillant meistern, den Umgang mit Leuten dagegen meisterte er fast nie. In der ersten Zeit versuchte er um jeden Preis, Kontakt mit mir zu bekommen, aber so, wie er es zunächst anpackte, lief es nicht. Wissen Sie, was er machte? Er gab mir einen Ellbogenstoß in die Rippen. Jedes Mal, wenn ich ihn daherkommen sah, hatte ich beinahe Angst.«

Aber James Dean ist nicht »kränker« als andere Schauspieler. Es kommt vor, dass er selbst sich nicht erträgt und dass er sein Leben ganz von vorn beginnen will; er weiß jedoch auch ganz genau, dass es gerade diese Widersprüche sind, aus denen er seine Darstellungskraft schöpft. »Bevor er die Bühne betrat, bereitete er sich wie ein Kämpfer für ein Turnier vor«, erzählt Rock Hudson. »Er trat niemals vor die Kamera, ohne dass er vorher Luftsprünge machte oder im Höchsttempo um das Studio lief und dabei wilde Schreie ausstieß.«

Wie viele Stars – zumindest in der Anfangszeit ihrer Karriere – scheint er gegen alles immun zu sein. Er ist niemals krank, wird niemals bei Kampfszenen oder Stunts verletzt und die Bagatellen des Lebens können ihm nichts anhaben. Er schwebt immer ein wenig über den anderen, über der Realität. Ein wenig suspekt erscheint dieses Schweben manchmal, man verdächtigt ihn, viel zu trinken, wenig zu schlafen und in seinen unbeständigen und turbulenten Liebschaften zur Gewalttätigkeit zu neigen … Dennoch hat er insgesamt bis jetzt einen fehlerfreien Lauf auf diesem Parcours zurückgelegt, auf dem man nur außerordentliche Menschen antrifft.

Giganten

Nachdem … *denn sie wissen nicht, was sie tun* abgeschlossen ist, legt Jimmy eine Pause ein. Er hat eingewilligt, eine der Hauptrollen in *Giganten* zu spielen, einer texanischen Saga, nach dem Bestseller von Edna Ferber. Die Dreharbeiten stehen bevor, aber er ist, ohne dass etwas Bedrückendes vorgefallen wäre, in depressiver Stimmung. Nick Adams erzählt: »In dieser Zeit fand er es unmöglich, auch nur mit irgendeiner Person normalen Kontakt zu pflegen. Er beschränkte seinen Freundeskreis auf den Schauspieler Lew Brecker und den Drehbuchautor Stewart Stern. Dann war da noch das Mädchen, mit dem er ging – ich weiß ihren Namen nicht mehr. Er versuchte, sie nicht zu enttäuschen – vergeblich. Er fürchtete sich davor einzuschlafen, weil der Schlaf automatisch schlechte Träume mit sich brachte. Die meisten Träume handelten von seiner Mutter und das machte ihm Angst. Er dachte in letzter Zeit immer öfter an sie und in manchen Nächten, wenn es ihm nicht gelang einzuschlafen – Schlafmittel wollte er nicht nehmen –, rief er mich an. Dann kam ich so schnell wie möglich zu ihm. Er fragte mich über meine Mutter aus. Er hatte ein großes Bedürfnis, mit Leuten – egal wem – über deren Mütter sprechen zu können. Er war ganz besessen davon.«

Sehr bald aber kommt Dean nicht mehr darum herum, in Texas am Set von *Giganten* zu erscheinen. Der Film erzählt die Erfolgsgeschichte des bescheidenen Ranchangestellten Jett (James Dean). Der Ranchbesitzer Rick (Rock Hudson) lebt mit seiner Frau Leslie (Elizabeth Taylor) und seiner Schwester Luz auf einer zweihunderttausend Hektar großen Ranch. Zwischen Leslie und Luz herrscht nicht das beste Einvernehmen. Luz kommt bei einem Unfall ums Leben, es stellt sich heraus, dass sie Jett ein Stück Land vermacht hat. Rick ist nicht davon angetan, dass der junge Mann nun ständig in der Nähe seiner Familie ist, und möchte ihm die Parzelle abkaufen. Jett aber will sich die Chance nicht entgehen lassen, denn es ist möglich, dass auf diesem Grund Öl entdeckt wird und ihm ein Vermögen einbringt. Jett stößt tatsächlich auf Öl. Er hat die Demütigungen, die Rick ihm zugefügt hat, nicht vergessen, und sein Wunsch nach Rache wächst. Wie wird Ricks Frau Leslie reagieren? Wie wird sich Jett rächen? – Die Geschichte ist voller Spannung.

In einhundertachtundneunzig Filmminuten breitet George Stevens, der auch in *Ein Platz an der Sonne* und *Mein großer Freund Shane* Regie geführt hat, ein ganzes Epos aus. *Giganten* trägt seinen Titel zu Recht. Es ist ein Gesellschaftsgemälde von amerikanischem Zuschnitt und die hier gezeigten Leidenschaften sind maßlos. Es ist ein neues *Vom Winde verweht*, ein Epos, das den Aufstieg eines Landes zeigt und gleichzeitig einen Sturm der Gefühle auslöst. Drei widersprüchliche Charaktere mit ihren Überzeugungen und Gefühlen stehen sich gegenüber. Anstelle der Hinwendung, Aufrichtigkeit und Zuneigung, die am Anfang des Films, als die Helden noch jung sind, in deren Umgang miteinander vorherrschen, spürt man jetzt, je mehr die Jahre vergehen, Eifersucht, Verachtung und Hochmut.

Edna Ferber, die Autorin des Romans, ist es gewohnt, dass ihre Werke verfilmt werden; *Giganten* ist schon ihr zehntes Buch, das Vorlage für ein Drehbuch wird. Über James Dean sagt sie: »Er war ein Genie. Ich kenne keinen Schauspieler der Welt, der Jett Rink mit so viel Elan und so meisterhaft hätte spielen können. Jimmy war einmalig. Der Erfolg war ihm aber auch bereits zu Kopf gestiegen, selbst wenn er das nicht gern wahrhaben wollte.«

Jimmy bringt in diese Produktion seinen unerschöpflichen Ideenreichtum ein. Die Gefühle, die er ausdrückt, sind von einer unwiderstehlichen Frische, Impulsivität und Lebendigkeit. Die Rolle des dickköpfigen, einzelgängerischen und verschlossenen Ranchers Jett bietet ihm Gelegenheit, einen so schwierigen Charakter darzustellen, dem er alles verleihen kann, was seine eigene besondere Ausstrahlung ausmacht.

Bei den Außenaufnahmen in Texas, wo die Handlung spielt, lernt er, eine Zigarette mit einer Hand zu rollen – mit der linken so gut wie mit der rechten –, Gitarre zu spielen und die bekanntesten Westernsongs zu singen. Er übt, wilde Pferde zuzureiten – das bringt ihn seinem Plan, an Rodeos teilzunehmen, näher –, versorgt mit großer Freude das Vieh und lernt, mit einem einfachen Schwung des Handgelenks aus einem Strick ein Lasso zu machen. »Ein Schauspieler muss sich bemühen, tief in den Charakter einer Figur einzudringen«, betont er. »Das ist allein mit den Stunden, in denen gedreht wird, nicht getan. Ich wollte rund um die Uhr Jett Rink sein, seine Gedanken denken, seine Gefühle fühlen, spontan so reagieren wie er. So behielt ich den texanischen Tonfall, den ich für die Rolle annehmen musste, auch dann bei, wenn ich nicht vor der Kamera stand. Ich verbrachte sogar meine Abende damit, mit einem Tonbandgerät zu üben.« Dies ist mehr als reine Professionalität – James Dean bringt sich ganz einfach kompromisslos ein.

Elizabeth Taylor – George Stevens hat mit ihr bereits in *Ein Platz an der Sonne* gearbeitet – zeigt hier unzählige Gesichter. Sie ist die wohlerzogene junge Frau, die fordernde Geliebte, die waghalsige Reiterin, die glückliche Mutter – klug, sanftmütig und schön.

Rock Hudson übertrifft in *Giganten* sich selbst, sicher nicht zuletzt deswegen, weil der Regisseur die Schauspieler motiviert, ihr Bestes zu geben.

Neben Taylor und Hudson agiert ein souveräner James Dean, sein Jett Rink scheint mit den Elementen und der Natur in direktem Kontakt zu stehen.

Das Warnercolor-Verfahren erlaubt es, in diesem Film die unendlichen leeren Weiten, die wilden Ritte und das Hervorschießen des Erdöls eindrucksvoll wiederzugeben. Dimitri Tiomkin (*Zwölf Uhr mittags*; *Es wird immer wieder Tag*) hat eine ausdrucksstarke Filmmusik dazu komponiert.

Bei den Außenaufnahmen in Marfa (Texas), einer ausgedörrten Kleinstadt von dreitausendsechshundert Seelen, freunden sich Rock Hudson und Elizabeth Taylor trotz der vorwiegend homosexuellen Neigungen Rocks sehr intensiv an.

Zu James Dean findet Elizabeth nicht so schnell ein normales Verhältnis. An dem Tag, als sie kurz vor dem Beginn der Aufnahmen einander vorgestellt werden, zeigt sich Jimmy von seiner charmanten Seite, er nimmt die Schauspielerin sogar zu einer Fahrt in seinem neuen Porsche mit. Sie gewinnt zunächst eine gute Meinung von ihm. Als sie ihn später in den Studios wieder sieht, geht sie freundschaftlich auf ihn zu, in der Erwartung, der Empfang würde genauso sein wie am ersten Tag. Stattdessen wirft ihr der Schauspieler einen Blick über seinen Brillenrand zu, sagt etwas Unverständliches und geht weg, als habe er sie nicht gesehen.

Jeffrey Tanby, ein Freund von Dean und damals ein häufiger Besucher am Set von *Giganten*, erinnert sich, dass Rock und Jimmy »nicht gerade auf bestem Fuß standen. Deans Aussage nach hatte Hudson versucht, bei ihm zu landen, und war nicht mehr gut auf ihn zu sprechen, seitdem Dean ihn abblitzen ließ.« Rock findet an dem jungen Star ständig etwas auszusetzen. Andauernd beklagt er sich bei George Stevens, dass Jimmy den besten Text und die besten Großaufnahmen bekäme. Aber Dean hat mit Jett Rink einfach die dankbarere Rolle, er stellt den anderen Hauptdarsteller fast zwangsläufig in den Schatten.

Sara Davidson bestätigt in ihrer Rock-Hudson-Biografie, dass der Schauspieler keine große Sympathie für James Dean empfand, dessen Verhalten er außerdem als unkollegial betrachtete. Einmal, als Liz und Rock bereits in Kostüm und Maske sind, müssen sie einen ganzen Tag lang warten, bis Jimmy aus Salinas zurückkehrt, wo er an einem Autorennen teilgenommen hat. »Persönlich mochte ich ihn nicht besonders«, gesteht Rock ein. »Aber darum geht es nicht. Er hat in seiner Rolle eine recht ordentliche Leistung geboten und den Jett – vor allem in dem Teil der Geschichte, als dieser noch jung ist – sehr glaubhaft gespielt. Sie müssen bedenken, Dean war ein kleines Bürschchen, das nicht viel im Hirn hatte … Kurzum, er hat seine Sache recht gut gemacht, solange Jett jung ist, aber dann wusste er nicht mehr recht, wie er ihn als älteren und gereiften Mann darstellen soll. Einer seiner Monologe, wo er in einem leeren Bankettsaal vor sich hin schwadroniert, musste herausgeschnitten werden, weil Dean für diese Szene nicht die nötige Ausdruckskraft hatte …«

»Wenn man mit anderen Schauspielern zusammenarbeitet, muss es immer beiderseitige Zugeständnisse geben. Dean aber wollte, dass alle Zugeständnisse ihm gemacht werden«, sagt Hudson an anderer Stelle.

Die Beziehung zwischen James Dean und George Stevens gestaltet sich chaotisch. Stevens wird einem Journalisten, der ihn nach seinen Eindrücken über die Zusammenarbeit mit James Dean befragt, antworten: »Dean hatte eine Besonderheit: Ab und zu nahm er eine Szene einfach in seine eigene Hand und schmiss alles um. Manchmal verursachte er damit ein solches Durcheinander, dass am Schluss nicht einmal mehr ich selbst wusste, was ich mir ursprünglich vorgestellt hatte. Sicher, es kam auch vor, dass ich ihn unterschätzte, aber es muss gesagt werden, dass er die Angewohnheit hatte, seine Arbeit zu überschätzen. Wenn er einsichtig war, konnten wir einen Kompromiss finden. Er konnte sich im Grunde sehr schnell umstellen. Wenn er wollte … Es war jedenfalls absolut höllisch, mit ihm zu arbeiten. Oft setzten mich rasende Kopfschmerzen außer Gefecht. Er kam mir vor, als dächte er: ›Und wenn du die Szene auch so haben willst, du kriegst sie aber nicht, weil ich keine Lust habe.‹ Für einen Regisseur gehört so etwas zu den schlimmsten Prüfungen, die man sich vorstellen kann.«

Elizabeth Taylor ist zunächst ebenfalls wegen Jimmys Unkollegialität und seiner ungenierten Versuche, sich als der Star in den Vordergrund zu spielen, verärgert, was aber nicht verhindert, dass mit der Zeit doch eine gewisse Bindung zwischen den beiden entsteht. Jimmy legt nicht nur eine solche

Unbekümmertheit an den Tag, dass es schon wieder amüsant ist, sondern auch einen unorthodoxen und manchmal deftigen Humor. Eines Tages, als das technische Team, einige Zuschauer und manche Schauspieler die Dreharbeiten zu einer Szene mitverfolgen, ruft er plötzlich mittendrin: »Cut!«, öffnet seine Hose und uriniert vor aller Augen. Elizabeth findet diese Art, sich zu produzieren, eher erheiternd als unverschämt. Im Juni 1955 – die Dreharbeiten sind in vollem Gange – freunden sie und Jimmy sich nach anfänglichen Schwierigkeiten miteinander doch noch an. Carroll Baker, die die Filmtochter von Liz spielt, berichtet: »Elizabeth verschwand mit Jimmy jeden Abend auf geheimnisvolle Weise, und niemand von uns wusste, wo sie wohl hingingen. Wenn abends die Muster vorgeführt wurden, setzte sie sich im Saal, auf dem zweiten Balkon, neben ihn und dann verschwanden sie gemeinsam zum Abendessen und blieben anscheinend einen Großteil der Nacht aus.« Elizabeth Taylor erklärt in ihrer Autobiografie, dass es sich um eine freundschaftliche Beziehung handelte, und führt aus: »Zwischen uns bestand eine außergewöhnliche Freundschaft. Wir blieben manchmal bis drei Uhr morgens zusammen und er erzählte mir von seiner Vergangenheit, von seiner Mutter und von seinen Liebesgeschichten; am Tag darauf sah er mich nachdenklich an, als hätte er zu viel von sich preisgegeben.«

Liz ist in der Tat die einzige von den Kollegen, die Freundschaft mit ihm schließt. Mit seinen vierundzwanzig Jahren ist Dean nur ein Jahr älter als sie und sie nimmt kaum Anstoß an seinen zahlreichen Extravaganzen. Prompt verbreitet die Regenbogenpresse Gerüchte über diese Beziehung – Elizabeth und Jimmy gehen in einem entlegenen Winkel Amerikas miteinander essen, und gleich sieht man schon einen Anlass, von den ersten Anfängen einer Idylle zu sprechen. »Während die Zuneigung zwischen Liz Taylor und Montgomery Clift derjenigen von zwei Menschen glich, die in einer Familie aufgewachsen sind und die sich nach Jahren wieder sehen«, schreibt der Drehbuchautor John M. Allan, »war die Beziehung zwischen Liz und Dean eher die von zwei Personen, die beide Außenseiter in ihrer Familie sind und die sich, weil sie von der ›Familie‹ nicht angenommen werden, zusammentun, um gemeinsam besser widerstehen zu können.«

Die Szenen, in denen James Dean spielt, sind früher abgeschlossen als die des restlichen Teams. Als er abreist, schenkt ihm die Schauspielerin zum Abschied eine Siamkatze. Bill Bast hat geschrieben, dass die wachsende Zuneigung Elizabeth Taylors zu Jimmy einen fast mütterlichen Charakter annahm. Wer weiß, was aus ihrer Freundschaft geworden wäre, wenn James Dean nicht gestorben wäre? Nach seinem Tod geht Liz durch eine depressive Phase und gesteht einem Journalisten: »Er war jemand, für den ich fähig gewesen wäre, mich scheiden zu lassen.«

Mit der Szene des letzten Abendessens, die am 22. September 1955 gedreht wird, ist die Arbeit an *Giganten* für Jimmy also beendet. Am Abend des 27. bittet man ihn, noch einmal ins Studio zurückzukommen, um die Muster anzusehen. George Stevens führt die Sequenz vor und bezeichnet sie dabei als eine der schwierigsten Szenen, die ein Filmschauspieler je zu spielen hatte. Der ganze Produktionsstab ist anwesend, die Damen in Cocktailkleidern, die Herren im blauen Zwirn oder grauen Flanell. Carroll Baker zeigt sich im eleganten weißen Leinenkostüm, eine Silberfuchsstola über dem Arm, Elizabeth Taylor trägt ein Dior-Kleid. Auf wen wartet man noch, um anzufangen? Auf James Byron Dean. Endlich taucht er auf, in Jeans und weit offen stehendem roten Flanellhemd, mit Ölflecken auf den Wildledermokassins und altem Schmieröl an den Händen. Louella Parsons kommt ihm entgegen und begrüßt ihn sarkastisch: »Sie machen Fortschritte – nur fünfzig Minuten Verspätung. Das letzte Mal haben Sie mich drei Stunden warten lassen!«

»Oh, Jim«, haucht ihm Liz Taylor zärtlich zu, »wann legst du endlich diese verflixte Gewohnheit ab und stellst deine Uhr auf dieselbe Zeit wie die anderen Leute?! Bei aller Nachsicht – mit deiner Respektlosigkeit kann man dich wirklich nur noch für einen Flegel halten.«

»Er kann die Zeit nicht von der Uhr ablesen, er hat es niemals gelernt«, brummt George Stevens.

Einige Wochen später äußert sich der Regisseur nachsichtiger zu diesem Vorfall: »Man hat viel Blödsinn über diese Geschichte erzählt. Zu spät zu kommen war Teil von Jimmys Persönlichkeit. Selbst wenn er rechtzeitig am Set erschien, richtete er es so ein, dass er zu spät zum Dreh kam. Jedenfalls war das, was er machte, wunderbar. Am Ende lief doch alles gut.«

An diesem Abend kommt es zu einem typischen Zwischenfall. Jimmy sitzt in seinem Sessel, den Blick auf seine Füße gerichtet, und scheint in seinen Gedanken verloren. Ein Fotograf nähert sich. Sofort setzt der Schauspieler betont unfreundlich seine schwarze Brille auf.

»Mister Dean, wären Sie so nett, Ihre Brille abzunehmen?«, wagt der Reporter schüchtern zu fragen.

Jimmy will sich nicht stören lassen, er möchte weiter seinen Gedanken nachhängen und tut so, als ob er die Frage nicht gehört hätte.

»Warum geben Sie ihm nicht seine Chance? Es ist doch seine Arbeit«, schaltet sich Curt Bradley vom *Life Magazin* ein.

Jimmy schüttelt nachdrücklich den Kopf:

»Ich wollte nicht unverschämt zu ihm sein, aber ich habe Tränensäcke unter den Augen und bin unrasiert.«

»Das ist typisch er!«, kommentiert ein Techniker, der die Szene aus einer Ecke des Studios mitverfolgt hat. »Ich hoffe, dass er zum Militär einberufen wird, damit er da mal lernt, was Solidarität unter Menschen ist, zwischen Star und Reporter zum Beispiel.«

Rock Hudson versucht, Dean umzustimmen, und erhält die Antwort: »Hör gut zu, Rock, ich bin als Star vielleicht eine Person des öffentlichen Interesses, aber das ist noch kein Grund, anderen mein Privatleben zu servieren. Mein Leben gehört mir. Das, was in mir drinnen vorgeht, gehört mir ganz allein und geht niemanden etwas an.«

»Aber Publicity ist so wichtig für Leute wie uns!«

»Vielleicht, aber ich schaffe es nicht, sie auszuhalten. Die Zeitungen bauen einen zuerst groß auf, machen einen zum Star und dann lassen sie einen beim geringsten Problem gnadenlos fallen. Was für einen Schauspieler zählt, das ist sein Spiel und nicht seine Posen. Die Leute, die mich nicht kennen, halten mich schon für einen schrägen Typen, sie glauben, dass ich sonderbar bin. Das genügt!«

Am 29. September, einem Donnerstag, isst Jimmy mit seiner Agentin Jane Deacy zu Abend. Er bestellt Rehkeule mit Reis und zum Nachtisch Heidelbeerkuchen.

»Ich möchte den Schauspielerberuf aufgeben und Regisseur werden«, erklärt er. »Ein wahnsinniger technischer Apparat kommt auf viel zu wenige echte Schauspieler. Mein

Ehrgeiz ist es, ein wahrer Regisseur für richtige Schauspieler zu werden.«

»Reden Sie keinen Unsinn, Jimmy!«, protestiert sie. »Nach dem lukrativen Angebot, das Jack Warner Ihnen gemacht hat?!«

James Dean scheint sich in diesen letzten Tagen unzufrieden zu fühlen, wie die wunderbaren Momentaufnahmen veranschaulichen, die Sandford H. Roth, Profifotograf beim Pressedienst der Warner und Fotokorrespondent für die Agentur Rapho, von ihm gemacht hat. Andererseits findet der Journalist Mike Connolly, als er sich zu dem Schauspieler begibt, um ein Interview mit ihm zu machen, Dean in erstaunlich ruhiger Stimmung vor. Sein Gastgeber bietet ihm Kaffee an und zeigt ihm stolz seinen Apfel- und seinen Zitronenbaum im Garten.

Wie immer hat er zahllose Projekte. Er eröffnet seinen Freunden, dass er in Kürze seine eigene Produktionsgesellschaft gründen werde, um unabhängig von Warner Brothers arbeiten zu können. Er will Bartóks Ballett *Der wunderbare Mandarin* inszenieren und den *Kleinen Prinzen* – eines seiner Lieblingsbücher – verfilmen. Er hat noch viele andere Ideen, insbesondere einen Film über Billy the Kid, den er als kaltblütigen Mörder und nicht als romantischen Helden zeigen will; gerade erst im September hat er den Schriftsteller John Wright gebeten, für ihn ein Szenario auszuarbeiten. Zudem soll Jane Deacy für ihn einen Vertrag über neunhunderttausend Dollar mit der Warner aushandeln, der auch einen Vorschuss für eine zwölfmonatige kreative Pause umfasst, die im Jahr 1956 beginnen soll. Die Warner hat eingewilligt, ihn an MGM »auszuleihen« – als Gegenleistung für Elizabeth Taylor, die man von dort für *Giganten* bekommen hat. Bei MGM soll Dean den New Yorker Boxer Rocky Graziano in einer Verfilmung der Biografie Grazianos unter dem Titel *Die Hölle in mir* verkörpern – die Rolle wird nach Jimmys Tod Paul Newman zufallen, ebenso wie die Rolle des Billy the Kid in *Einer muss dran glauben*.

Ende September wird Dean der an der West Coast sehr bekannten Bildhauerin Pegot Waring vorgestellt. Er besteht darauf, von ihr als Schüler angenommen zu werden. »Als Schauspieler liefert man nur Interpretationen, jetzt will ich selbst etwas erschaffen«, bekräftigt er. »Sein Lerneifer war unstillbar«, erzählt Pegot. Er war völlig beherrscht von der Technik der Monumentalbildhauer. Er wollte Gesichter in Felsen hauen wie Rushmore und sagte mir: ›Ich werde Ihr Gesicht in einen Canyon in Colorado meißeln.‹«

Aber seine Leidenschaft für Autorennen beschäftigt ihn ganz eindeutig am stärksten. In Kürze steht am 1. Oktober in Salinas ein Rennen an. Obwohl die Anmeldefrist schon abgelaufen ist, will Jimmy sich vor Ort absprechen, um doch noch angenommen zu werden. Er hat seit mehreren Wochen kein Rennen gefahren und stirbt fast vor Ungeduld, sich wieder auf einer Rennstrecke mit anderen zu messen. Um sich zu vergewissern, dass er tauglich für das Rennen ist, lässt er sich von Dr. Berman untersuchen. Am 27. September schickt der Arzt ein Schreiben an den Sports Car Club of America in San Francisco, in dem er bestätigt, dass Jimmy sich bei ihm einer Generaluntersuchung unterzogen hat. Er attestiert Dean einen »ausgezeichneten gesundheitlichen Zustand« und präzisiert: »Seine neuromuskulären Reflexe sind normal«, »alle Organe und Körperfunktionen sind normal«, und »demzufolge besitzt er die körperliche Eignung, als Rennfahrer an Autorennen teilzunehmen«.

Kurz zuvor hat James Dean eine Lebensversicherung über hunderttausend Dollar abgeschlossen. Bei Eintritt des Versicherungsfalls soll der größte Teil der Versicherungssumme an seine Tante in Fairmont ausgezahlt werden. Man hat ihm auch geraten, ein Testament abzufassen. Die Idee findet zwar seine Zustimmung, doch kommt er nicht mehr dazu. Nach seinem Tod wird sein Vater der Einzige sein, der Geld erhält.

Jimmy redet unablässig von den Rennen, an denen er teilnehmen will. Vor allem kann er die Carrera Panamericana de Mexico kaum erwarten, eine Rallye über mehr als dreitausend Kilometer auf dem Pan-American Highway. Allein schon das Ziel zu erreichen, ohne vorher auszuscheiden, ist eine Leistung. Aber der Zeitpunkt des Rennens steht noch nicht fest … Jedenfalls brennt er vor Ungeduld, so als könnten das Röhren der Motoren, die Konzentration am Steuer und die Geschwindigkeit ihm helfen, nicht mehr an all das zu denken, was ihn beunruhigt.

Der Unfall

James Dean wird genau in jenem Moment sterben, da sein Talent vor den Augen der ganzen Welt hervortritt, ganz als könne seine heftige Sehnsucht nach Leben nur auf einer tristen Landstraße ihr Ende finden. Der Regisseur von *Giganten* hat von ihm sein Ehrenwort erhalten, während der Dreharbeiten keine Rennen zu fahren.

Nun sind diese für Jimmy beendet und schon hat ihn wieder der Rausch der Geschwindigkeit gepackt: Er erwartet das Rennen, zu dem er am 30. September in Salinas mit einem Porsche antreten soll, der die Nummer 130 trägt. Er wird nicht einmal mehr dort ankommen – eine seltsame Wendung des Schicksals will es, dass ihn auf einer Überlandstraße Richtung Salinas, auf dem Weg zu seiner Passion, der Tod ereilt, angeblich bei hundertsechzig Stundenkilometern. War Dean auf irgendetwas in der Art gefasst? Am Vorabend sagte er zu Freunden: »Selbst wenn ich hundert Jahre alt werde, werde ich noch nicht die Zeit gehabt haben, das alles zu tun, was ich tun möchte.«

Ironie des Schicksals: Einige Tage, bevor er verunglückt, hat er sich für einen Werbespot für Verkehrssicherheit zur Verfügung gestellt. Vor dem Journalisten Gig Young hält der junge Star eine Lobrede auf die Vorsicht am Steuer. Zum Thema überhöhte Geschwindigkeit auf der Autobahn befragt, äußert Dean:

»Es ist mir selbst schon passiert, dass ich unnötige Risiken eingegangen bin. Dann habe ich an Autorennen teilgenommen, und wenn ich jetzt auf dem Highway fahre, passe ich absolut auf. Sie wissen nie, was Ihr Vordermann oder der andere Kerl, den Sie dort sehen, im nächsten Moment macht. Ich verspüre kein Bedürfnis, auf der Autobahn zu rasen. Ich bin bereit, für ein Autorennen etwas zu riskieren, nicht aber auf der Straße.«

Als der Schauspieler im Begriff ist, das Studio zu verlassen, fragt ihn Young, ob er noch etwas hinzufügen möchte. Der Slogan, den er vor den Kameras zitieren soll, lautet: »Fahrt vorsichtig, vielleicht rettet ihr euch selbst damit das Leben.«

Aber er verspricht sich und sagt: »Vielleicht rettet ihr mir selbst damit das Leben.«

Eine weitere Kapriole des Zufalls: Die Romanautorin Edna Ferber, die für ihn nicht nur eine Freundin, sondern fast eine Adoptivmutter geworden ist, fleht ihn in einem Brief an, vorsichtig zu sein, und bittet ihn, nie mehr an einem Autorennen teilzunehmen. Er wird diesen Brief niemals zu Gesicht bekommen. Als der Briefträger ihn einwirft, ist Dean bereits unterwegs nach Salinas und rollt der Straßenkreuzung entgegen, wo sein Leben abrupt ein tragisches Ende findet.

Am Tag vor der Abfahrt ist er bis drei Uhr morgens auf der Straße, um den nagelneuen Porsche 550 Spyder einzufahren, den er erst seit zwei Wochen besitzt und dem sein Kollege Bill Hickman den Namen Little Bastard gegeben hat. James Dean malt eigenhändig die Nummer 130 auf den weißen Wagen.

Letzte Vorbereitungen am Morgen der Abfahrt. »Es war erst acht Uhr«, sagt der Mechaniker Rolf Wütherich, »als ich mit der Überprüfung des Spyder begann: Motor, Öl, Zündung, Zündkerzen, Reifen und alles, was notwendig war. Jimmy lief inzwischen auf und ab. Zu einem gewissen Zeitpunkt, als ich anscheinend für ihn nicht schnell genug vorankam, schlug er vor, mir zu helfen. Ich lehnte ab und erklärte ihm, dass er mir damit höchstens die Arbeit erschweren würde. Er entfernte sich mit einer seiner typischen Grimassen und begann eine Zeitung zu malträtieren. Aber er kam mehrmals zurück, um mir einen Haufen Fragen zu stellen, die ich ihm möglichst exakt beantworten musste. Als der Spyder endlich fertig war, brachte ich auf der Fahrerseite einen Sicherheitsgurt an, auf der Beifahrerseite aber nicht – Jimmy würde bei dem Rennen allein im Wagen sitzen. Er stieg ins Auto und probierte den Gurt aus.«

Am Mittag des 30. September 1955 essen sie in Hollywood im Farmer's Market. Rolf Wütherich, der als Testpilot bei Porsche und Mercedes arbeitet, sagt zu James Dean: »In Europa verfrachten die Rennfahrer immer ihre Wagen per Bahn.«

»Wenn sie eingefahren sind.«

»Aber deiner ist eingefahren.«

»Rolf und ich geben euch eine Stunde Vorsprung, und wir werden noch vor euch in Salinas sein!«, versucht Jimmy großspurig mit dem Fotografen Sandford H. Roth, der ihn begleiten wird, zu wetten.

»Bill hat aber was gegen Geschwindigkeitsübertretungen«, gibt letzterer zurück.

Sie haben geplant, dass Dean und Wütherich mit dem Porsche Spyder losfahren, gefolgt von Jimmys himmelblauem Ford, einem »station car«, den Sandy Roth steuern wird und in dem Bill Hickman mit dem ganzen Material mitfährt.

Um 13.30 Uhr ist es endgültig so weit, dass Jimmy hinter dem Steuer seines silbrig schimmernden Flitzers Platz nimmt, ihm zur Seite sein Mechaniker und Freund Rolf.

»That's my baby!«, ruft er, als er den Motor anlässt.

»Ich habe Jimmy niemals so fröhlich gesehen wie an diesem Nachmittag!«, erzählt Rolf Wütherich sechs Monate später bei seiner Entlassung aus dem Krankenhaus. »Ständig pfiff und sang er vor sich hin und scherzte mit den Mädchen, die in offenen Cabrios vorbeifuhren. Wir rauchten eine Zigarette nach der anderen mit einem solchen Glücksgefühl, wie es nur zwei gute Freunde empfinden können, wenn sie mit einem PS-starken Auto an einem schönen sonnigen Tag auf der Straße sind.«

Nach mehreren Stunden Fahrt wirft Rolf, der schläfrig wird, einen letzten Blick auf das Armaturenbrett, bevor er die Augen schließt.

»Ist alles okay?«, fragt Jimmy und löst seinen Sicherheitsgurt, der ihn stört.

»Ja, alles in Ordnung«, murmelt Rolf. »Nur fährst du vielleicht etwas zu schnell ...«

»Es war später Nachmittag«, berichtet Wütherich. »Die Straße erschien wie ein graues Band, das eine gleichförmige Landschaft durchschnitt – höchstens eine leichte Kurve von Zeit zu Zeit. Man hatte den Eindruck, auf etwas dahinzurollen, was kein Ende hatte. Den einzigen ungewöhnlichen Fleck in der Monotonie der Gegend bildete Blackwells Corner, eine Tankstelle und ein kleiner Laden, die einsam auf weiter Flur standen.«

17.30 Uhr. Jimmy und sein Freund halten an, um in Blackwells Corner einen Kaffee zu trinken. Wie klein doch die Welt ist: Lance Reventlow, der Sohn von Barbara Hutton, sitzt hier und trinkt eine Cola. Dean teilt Lance mit, dass er nach Salinas fährt. Lance erwidert, dass er gleichfalls nach Salinas fährt, um sich ein Autorennen anzusehen – auf sowas ist er ganz verrückt. Jimmy kündigt ihm an, dass gerade bei diesem Rennen er selbst am Start stehe. Lance erwidert: »Nein! Im Ernst?«

»Schau ihn dir an!«, antwortet der Schauspieler und deutet auf den vor dem Café geparkten Porsche Spyder. »Über sechstausend Dollar, Aluminiumkarosserie und hundertfünfzig Meilen in der Stunde*, und dabei bist du noch nicht mal ganz am Anschlag!«

Jimmy lacht sein helles Lachen und erzählt, dass er von einem Beamten der Autobahnpatrouille angehalten worden und verwarnt worden ist.

»Kennen Sie Salinas? Wenn Sie nicht langsamer fahren, dann werden Sie es nie kennen lernen.«

Der Polizist hat ihm erläutert, ein Fahrer, der es zu eilig habe, liefe Gefahr, von der untergehenden Sonne geblendet zu werden, doch James Dean nimmt sich diesen Ratschlag nicht besonders zu Herzen.

Bill Hickman, der ihm im zweiten Auto folgt, macht sich Sorgen: Als Rennwagen ist der Spyder nicht für Fahrten in der Dunkelheit geeignet.

»Vorsicht, Jimmy«, sagt er vor der Weiterfahrt, »es wird bald dunkel und der Spyder ist schlecht zu sehen. Nimm dich in Acht vor Wagen, die vor dir auf die Straße einbiegen.«

Dean nimmt seine Sonnenbrille ab und zwinkert seinem Freund beruhigend zu. Er sagt nicht, dass er vorsichtig sein

---

* = 240 km/h

wird, sondern dass er sein Auto perfekt kennt. Um dies zu beweisen, legt er einen Kavalierstart hin, bei dem er eine Reifenspur auf dem Asphalt hinterlässt.

17.59 Uhr. Der Porsche rast auf dem Highway 41 dahin, der sich dreißig Kilometer vor Paso Robles und kaum dreizehn Kilometer vor Salinas mit der US 466 schneidet. Auf der 466 ist Mr. Turnupseed in seinem Ford 1950 unterwegs. 17.59 Uhr und 10 Sekunden. Mr. Turnupseed ist an der Kreuzung angelangt.

»Der Kerl wird anhalten. Ich habe die Vorfahrt«, sagt Jimmy.

Der Fahrer des Pkws schaut nach links, nach rechts, dann fährt er langsam in die Kreuzung ein. Der Crash ist unausweichlich! James Dean stößt einen Schrei aus, der in dem ohrenbetäubenden Krachen des Aufpralls untergeht.

Rolf, der mehr als sechs Meter vom Auto fortgeschleudert worden ist, bleibt reglos liegen und murmelt: »Jimmy, Jimmy…« Blut füllt ihm den Mund; er verstummt und verliert das Bewusstsein. Sein Kiefer ist zertrümmert und er hat Beckenfrakturen.

Donald Turnupseed hat überlebt und sitzt totenbleich in seinem Wagen. »Ich habe ihn nicht gesehen! Ich schwöre, ich habe ihn nicht gesehen!«, wiederholt er immer wieder und wischt sich unablässig die Tränen fort, die ihm übers Gesicht laufen.

Jimmy hängt im Fahrersitz seines Rennwagens, den Kiefer zerschmettert, beide Arme gebrochen und den Brustkorb eingedrückt. James Byron Dean ist tot.

Das Schrecklichste ist das Schweigen, das sich mit einem Schlag über der Straße ausgebreitet hat. Im goldenen Septemberlicht scheinen die beiden zu Schrott gefahrenen

Autos seit Ewigkeiten so dazuliegen. Der Herbst beginnt, ein Tag geht zu Ende, an einer ganz gewöhnlichen Kreuzung in Nordkalifornien.

Ein Krankenwagen trifft ein. Für den Fahrer des Ford ist das die Rettung. Für den Fahrer des silbergrauen Porsche mit der Nummer 130 kommt jede Hilfe zu spät. Der Aufprall hat ihm die Wirbelsäule gebrochen. Er wirkt fast, als ob er schlafe, inmitten des ganzen verbogenen Blechs, das mit seinem Blut gezeichnet ist. Mit seinen schlecht geschnittenen blonden Strähnen, seinem zarten Gesicht, seinem abgetragenen Sweater, seinen Jeans und seinen Mokassins sieht er aus wie alle amerikanischen Jugendlichen.

Unter den verbeulten Überresten seines Gefährts findet man auf dem roten Lederpolster eine Christophorus-Medaille. Dieser kümmerliche, blutbefleckte Talisman ist ein Relikt und Wahrzeichen der einzigen Liebe seines Lebens: Pier Angeli hat ihm den Schutzheiligen geschenkt, als er *Jenseits von Eden* drehte, und er hat oft mit einem traurigen Lächeln gesagt, dass ihm nie etwas passieren würde, solange er ihn besäße.

Ein Autobahnpolizist äußert später: »Dean hatte absolut keine Chance, den Zusammenstoß zu vermeiden. Und die Geschwindigkeit, die er draufhatte, war hierbei ohne Belang.« Allerdings ist Sandy Roth erst fünfundzwanzig Minuten später am Unfallort eingetroffen, was zeigt, in welchem kometenhaften Tempo Jimmy dahingebraust sein muss. Polizisten und Sanitäter machen sich eifrig um die Autowracks herum zu schaffen. Man findet den Rennfahreroverall aus sehr feinem schwarzen Leder und den Helm mit dem schwarz-weißen Schachbrettmuster – Gegenstände, die seine verhängnisvolle Leidenschaft illustrieren und die jetzt nur noch Trauer hervorrufen können.

Doch der Tod, der so plötzlich an der Kreuzung des Highway 41 und der US 466 kam, wird James Dean zum Symbol einer neuen Mythologie erheben. In der ganzen Welt wird sich die Jugend mit ihren eigenen Hoffnungen und Ängsten und dem Gefühl, wie kurz das Leben ist, in ihm, der jung und schön war, als er aus dem Leben gerissen wurde, wiedererkennen.

Als Ursula Andress von Jimmys Tod erfährt, wird sie in den Warner-Studios, wo sie gerade eine kleine Rolle spielt, am Set ohnmächtig. Als sie wieder zu sich kommt, beginnt sie zu schluchzen, wobei sie immerfort dasselbe wiederholt: »Es ist meine Schuld, ich habe ihn nicht verstanden, mir ist es niemals gelungen, ihn wirklich zu verstehen.«

Doch niemand hat James Dean je ganz verstanden, und sein plötzlicher Unfalltod lässt seine Legende unberührt. George Stevens, der Dean noch zwei Tage zuvor gesehen hatte, erzählt nun über ihre letzte Begegnung: »Jimmy war fasziniert vom Gedanken, über seine eigene Existenz zu entscheiden. Was er wohl gewählt hat? Ich kann es nicht exakt sagen, aber er hinterließ bei allen, die ihn jemals kennen gelernt haben, den Eindruck, dass er zu dieser Existenz hin unterwegs war. Ich erkannte es am ersten Tag, als wir miteinander sprachen; ich wusste es auch beim letzten Mal, als ich ihn sah. Er zwinkerte ein paar Mal und machte eine Handbewegung, dann war er weg. ›Goodbye. Ich werd wohl eine Tour mit meinem Porsche machen.‹«

Die Totenmesse findet am 8. Oktober in der Friends Church von Fairmont statt.* Reverend DeWeerd hält die Totenrede für den Schauspieler.

---

* Winton Dean kam nach Salinas, um den Körper seines Sohnes in der

»Wir können das Leben nicht in Stunden und Minuten, ja nicht einmal in Tagen oder Jahren messen. Jimmys Leben war kurz. Aber hat er in diesem kurzen Zeitraum nicht viel mehr und viel Besseres geleistet als wir in unserem ganzen Leben?«

James Byron Dean wird auf einem kleinen Friedhof, der am äußersten Rande eines Weizenfelds liegt, an der Seite seiner Mutter ruhen. An seinem Grab erklärt George Stevens:

»Wir haben einen unserer größten Schauspieler verloren.«

Es ist bereits Herbst in Indiana, ein melancholisches Licht ergießt sich über Jimmys Grab.

Das Publikum beginnt den jungen Schauspieler gerade erst kennen zu lernen: Auf den Filmleinwänden der ganzen Welt lässt das Kino frühere Momente wieder lebendig werden und ein Idol erstehen, das, obwohl tot, in Zukunft ewig weiterleben wird.

Leichenkammer der chirurgischen F.D.-Roosevelt-Klinik zu identifizieren. Er fuhr mit dem Sonderwaggon zurück, der angemietet worden war, um Jimmy zu seiner letzten Ruhestätte zu bringen.

Der Mythos »Jimmy«

Seit fünfzig Jahren ruht James Dean auf dem kleinen Friedhof von Fairmont. Der Grabstein trägt die Inschrift: »James Dean. 1931–1955«. Der Soziologe Edgar Morin schrieb 1957: »Der Erwachsene in der bürokratischen und verbürgerlichten Gesellschaft hat letzten Endes akzeptiert, ein unbedeutendes Leben zu führen, um im Tod wenig zu verlieren. Das Geheimnis der Jugendzeit aber liegt in der Spannung zwischen Lebenswillen und Zerbrechen am Leben. James Dean hat diesen Widerspruch verkörpert und ihn mit seinem Tod sozusagen noch einmal beglaubigt.« Treffender könnte man es nicht sagen. André Malraux meint dasselbe, wenn er erklärt: »Der Tod verwandelt das Leben in unentrinnbares Schicksal.«

Bereits in den ersten Tagen nach Deans Tod kommt der Starkult in Gang. Am Vorabend der Beisetzung schickt ein Unbekannter aus Ohio fünfzig Dollar für Blumen. In Kalifornien veranlasst eine Frau das Nötige, damit jedes Jahr am 30. September eine rote Rose auf dem Grab des Schauspielers niedergelegt wird. Ein hinkender Junge aus Indianapolis schleppt sich in strömendem Regen auf den Friedhof. Zwei Schulmädchen nehmen in Rockford den Zug, um ebenfalls einem jungen Mann, den sie nicht persönlich gekannt haben, die letzte Ehre zu erweisen. »Warum?«, fragt man sie; anstelle einer Antwort beginnen sie zu weinen. Ein Kanadier verfasst ein Poem.

Im Oktober 1955 treffen pro Woche rund hundert Briefe für einen Mann ein, der sie nicht mehr lesen kann. Im November sind es vierhundert, dann über tausend im Januar, Februar, März ... Jungen kaufen Gipsbüsten des jungen Leinwandhelden aus ... *denn sie wissen nicht, was sie tun*, Mädchen kleben sein Bild in ihre Tagebücher. Die Schallplatte mit dem Soundtrack zu seinen schönsten Filmszenen steht an der Spitze der Hitliste; Sonderhefte von Magazinen, deren Auflagen in die Hunderttausende gehen, finden reißenden Absatz. Vier kleine Schriften – *»Unvergessener und unvergesslicher Dean«, »Dean kehrt zurück«, »Jimmy's Album«* und *»Der wahre Dean«* – erreichen Auflagen von über einer Million. In dreihundert Clubs kommen in Japan jede Woche die Fans des tragisch verunglückten Schauspielers zusammen. In England und Frankreich, in Deutschland und Schweden – überall im alten Europa sind die Teenager fasziniert und besessen von diesem melancholischen großen Jungen, der so gerne im Regen herumlief. Man praktiziert sogar Tischerücken, damit er aus dem fernen Land, in dem er sich jetzt aufhält, Nachrichten schicken kann. Die Mädchen fragen ihn, wen er geliebt hat, was seine Träume waren, als er in seinen Porsche stieg, und was er am meisten vermisst; die Jungen wollen wissen, wie er an das Leben herangegangen ist oder an die Liebe – oder an eine schwierige Kurve.

In das Magazin, wo sämtliche Kleidungsstücke gelagert sind, die er in seinen drei großen Filmen getragen hat, wird eingebrochen. Eine Studentin aus New York fährt bis nach Hollywood, um einen kleinen Studioangestellten zu bitten, sein Autogramm auf ein Foto Jimmys zu setzen.

»Ich bin doch nur ein Unbekannter«, antwortet dieser. »Warum möchten Sie von mir ein Autogramm?«

»Weil Sie ihn gekannt haben.«

George Stevens erklärt in einem Artikel, warum James Dean auch nach seinem Tod noch lebendig ist: »Dort oben auf der Leinwand vor mir ist er immer präsent. Da ist kein Moment, wo er mir nicht gefallen würde. Es mag die Art sein, wie er sich mit vorgeschobenem Kinn hinter jemandem vorbeizwängt oder wie er zwinkert, während er ein ›Guten Tag‹ murmelt. Vielleicht auch diese Eigenart, manchmal mitten im Sprechen gleichzeitig in ein kindliches Lachen auszubrechen.«

Unbekannte schmücken Jimmys Grab auf dem Friedhof von Fairmont jeden Tag mit Blumen. Vor dem Weggehen verwischen sie die Fußspuren, die sie im Sand der Allee zurückgelassen haben. *Jenseits von Eden* und *… denn sie wissen nicht, was sie tun* laufen tagtäglich in den Kinos. In ganz Amerika werden Spenden gesammelt und so kann bereits im Winter 1956 unweit der kleinen Farm in Indiana, wo er seine Kindheit verbracht hat, ein grandioses James Dean Memorial errichtet werden.

Und die Legenden blühen. Es wird erzählt, ein Astrologe habe sich wenige Wochen vor dem Unfall geweigert, Dean das bestellte Horoskop zuzuschicken. »Die Sterne sagten, dass er sehr bald in einem Auto oder einem Flugzeug sterben würde. Ich habe das Horoskop zerrissen.« Es wird auch behauptet, in einem Antiquariat sei ein philosophisches Werk entdeckt worden, das aus Jimmys Bibliothek stamme – das Wort »Tod« ist dort angeblich jedes Mal dick mit roter Tinte unterstrichen. Ein anderes Gerücht geht so weit zu behaupten, James Dean sei gar nicht tot. Er lebe, sei aber entstellt und halte sich in einer Klinik verborgen.*

In dem Jahr, das auf James Deans Tod folgt, treten vier Millionen treuer Anhänger einem der Fanclubs bei, in denen seinem Kult gefrönt wird. Bei Warner Brothers treffen Tag für Tag viertausend an ihn adressierte Briefe ein. Kleidung, die er getragen hat, wird zum Preis von einem Dollar pro Quadratzentimeter verkauft. Wrackteile des verunglückten Porsche finden reißenden Absatz zu Kursen, die sich auf der Höhe des Goldpreises bewegen. Absonderliche Zusammenkünfte mit Gesängen, Gedichtrezitationen und Anrufungen werden auf seinem Grab abgehalten. Hunderte von Büchern erscheinen, »Botschaften« von »Jüngern«, die vorgeben, das Idol persönlich gekannt zu haben, oder abstruse »Evangelien«. Liest man sie, so könnte man geradezu meinen, Jesus und Adonis seien gleichzeitig verstorben, geopfert, um noch strahlender wieder aufzuerstehen.

Etwas weniger lyrisch sind die Vergleiche, die gezogen werden, als der französische Schauspieler Gérard Philipe ebenfalls sehr jung verstirbt. Doch mit den Leinwandfiguren, die Philipe verkörpert, stellte er den romantischen Prinzen einer vergangenen Zeit dar. James Dean dagegen war tatsächlich der unangepasste romantische Rebell der 50er-Jahre. Zwei Welten. Zwei Leben. Zwei sensible Schauspie-

---

*Jimmy soll schrecklich verstümmelt sein und eingeschlossen in einer psychiatrischen Klinik leben, wo ihn sein Vater untergebracht hat, um ihm die friedliche Umgebung zu verschaffen, die er braucht. »Und was ist mit der Leiche, die in Fairmont begraben liegt?«, fragen die einen. »Das war ein unbekannter junger Anhalter«, antworten die anderen, die nach Legenden süchtig sind.

lerpersönlichkeiten. Zwei Arten von Kult – der eine nostalgisch und leise, der andere frenetisch und wild.

Denn der Fankult um die engelsgesichtige Identifikationsfigur der Jugend aus ... *denn sie wissen nicht, was sie tun* ist für die Erwachsenen nicht mehr nachvollziehbar. Es sind die Jugendlichen selbst, die ihre Idole und Mythen konstruieren, sie in Umlauf setzen und etablieren. Sie formen reale Geschehnisse in Mythen um und erfinden schwärmerische Geschichten, für die sie immer neue Nahrung finden. Wovon leben große Legenden? Von Erinnerungen und Objekten. Und von cleveren Einfällen. Dean lässt die Herzen höher schlagen und die Kasse klingeln. Dorffeste, Picknicks, Ballveranstaltungen, Rennen, Laientheater- oder Avantgardefilm-Festivals werden unter seine Schirmherrschaft gestellt. Aber als ein großer Hersteller von Erfrischungsgetränken eine »Jimmy Dean Cola« auf den Markt bringen will, verweigert das James Dean Memorial aus ethischen Gründen seine Zustimmung, um James Deans Namen zu schützen.

Ob in Fairmont oder in Brooklyn, überall hängen Porträts von Jimmy in Rathäusern und Schulen in einer Reihe mit denen von Eisenhower, von Senatoren und Generälen. Eine Monumentalbüste, die er selbst bei Pegot Waring in Auftrag gegeben und die sie erst nach dem Tod des Schauspielers vollendet hat, nimmt den Ehrenplatz in der Eingangshalle des Gymnasiums von Fairmont ein. In der Universität Princeton hat die Totenmaske von Amerikas begabtem Sohn ihren Platz neben den Masken internationaler Größen wie Thackeray, Fielding, Keats, Melville, Beethoven und Mozart. In San Francisco, Baton Rouge (Louisiana) und im respektablen Boston muss die Polizei schwarze Messen untersagen. In ganz Kalifornien versammeln sich Spiritisten zu streng privaten Seancen, um die Stimme des »angebeteten Lebenden« zu vernehmen. »Du große verborgene und wahre Kraft unseres nichtswürdigen und verachtenswerten kleinen Lebens, Jimmy, erhabenste Liebe, geruhe für einen Moment in das dunkle Tal unserer Einsamkeit und der Eitelkeiten unserer Zeit herabzusteigen«, beten, niederkniend, die Zeugen Jimmys.

Im ersten Jahr pilgern über hundertfünfzigtausend Besucher nach Fairmont. Ganz Busladungen überschwemmen die kleine Stadt. Auf dem Friedhof weinen die Leute, knien nieder, beten, küssen den Granitstein und bekommen Anfälle, andere verharren dort in mehrstündiger Andacht. Manche Mädchen werden ohnmächtig, andere legen sich auf das Grab, alle aber bringen Blumen mit. So üppig wie Jimmy Dean wird kein anderer Toter der Welt mit Blumen bedacht. Schier endlos ist auch die Liste der Merchandising-Produkte: Haarsträhnen, die angeblich von ihm stammen, Fotos, Buttons, Kaugummipapierchen, Plüschäffchen, Ölporträts; sogar ein »Special James Dean«-Schnappmesser existiert.

Man kann sich vorstellen, was unter solchen Voraussetzungen geboten ist, als *Giganten* am 10. Oktober in den Kinos anläuft. Dieses Ereignis heizt die Fanhysterie noch mehr an.

Von den Produzenten als ein provokantes Porträt der vermögenden texanischen Elite vorgestellt, kommt der Film in den Genuss einer umfangreichen Presseberichterstattung. Dabei konzentrieren sich trotz der glänzenden Besetzung – ein Großaufgebot von Stars, wie der Trailer verspricht – beinahe alle Artikel auf das, was den Fans am stärksten den Verstand raubt: Es ist James Deans letzter Film. »Es ist Dean,

Dean, Dean!«, jubiliert die *Saturday Review*. Im Zeitraum zwischen November 1955 und Juni 1957 werden Jimmy über dreihundert Beiträge in amerikanischen Magazinen gewidmet. Dean-Poster verbreiten seine Präsenz überall auf der Welt, ihnen folgen andere Artikel wie T-Shirts, Kaffeetassen, Kalender, Kugelschreiber, Feuerzeuge, aber auch Songs und vieles mehr.

Jahrelang brechen fanatische Pilger Stückchen aus seinem Grabstein oder hinterlassen auf ihm die Spuren ihrer Küsse. Die Dean-Jünger aus weiter entfernten Gegenden müssen sich mit flimmernden Bildern oder Fotos als Souvenirs begnügen. Doch nicht wenige von ihnen wenden sich auch den Personen zu, die ihn gekannt haben. Natalie Wood erhält bergeweise Post, in der sie gefragt wird, was man empfindet, wenn James Dean einen küsst. Sal Mineo und Dennis Hopper können sich vor Fragen nicht mehr retten – es wird nach allem gesucht, was Jimmy möglicherweise in den Händen hatte: ein Drehbuch, eine Zeitung, ein Filmrequisit.

Der Kult wird über Jahre andauern, auch wenn durch Marilyn Monroes und Elvis Presleys Tod eine Konkurrenz entsteht. Soziologen betonen, dass mit James Deans Tod ein bereits in Vergessenheit geratenes Phänomen wieder auflebt: der Glamour der Stars aus der großen Zeit des Hollywood-Films, die – götterhaft über den gewöhnlichen Sterblichen thronend – schwärmerisch verehrt wurden. Andererseits symbolisiert sein Tod für die Fans aber auch den folgerichtigen Abschluss eines Lebens, mit dem er sich ganz klar als ein modernes Idol etabliert, das sich im Wesentlichen auf einer Höhe mit den Sterblichen befindet. Mit solchen Stars können sich die Jugendlichen identifizieren und finden Verhaltensmodelle, während die Stars von früher unnahbare Ideale repräsentierten. James Dean ist also ein greifbares Idol, das aber zum Objekt einer Vergötterung wird, wie sie die großen Stummfilmstars erfahren haben. Tausendfach nachgeahmt, erlangt er Unsterblichkeit im kollektiven Bewusstsein. Somit ist er der perfekte Star: Abgott, Heros und Vorbild zugleich. Diese perfekte Idolbildung hätte zwar ohne die Vermittlung des Star-Systems von Hollywood nicht stattfinden können, zugrunde liegen ihr jedoch das Leben und der Tod des wirklichen James Dean und seine eigenen Bedürfnisse und die einer ganzen Generation, die ihr eigenes Bild in ihm wiedererkennt: Im doppelten Spiegel der Filmleinwand und des Todes sehen diese Jugendlichen ihre Identität widergespiegelt und verändert.

Jedoch verbindet sich bei allem kommerziellen Erfolg der Kultfigur James Dean auch eine Reihe zwiespältiger Gefühle mit dem jungen Schauspieler, dessen Spiel so beunruhigend authentisch wirkte. Womit er uns heute berühren kann, ist eine tiefer gehende Infragestellung des Etablierten, die sich abweichend vom geläufigen Modell des sensiblen Rebellen ebenfalls in ihm manifestiert. Sehr bald erfuhr der Originalmythos zahlreiche Veränderungen. Das Selbstzerstörerische, das aus Deans Äußerungen genauso wie aus seinen Rollen hervorgeht, ist immer vorhanden. Seine verborgene Todessehnsucht und seine narzisstische Selbstdarstellung reichen weit über das im Grunde harmlose Bild des Rebellen gegen die bürgerliche Ordnung hinaus.

Jede Leinwandfigur, die Jimmy verkörpert hat, war ein Außenseiter, der zu begreifen versucht, warum eine solche Kluft zwischen seiner Umwelt und ihm liegt. Möglicherweise haben die inneren Kämpfe Deans auf sexueller Ebene ihm geholfen, tiefer in sein Unterbewusstsein einzudringen und immer neue Facetten seines kreativen Talents zu erforschen. Zeitlebens hat er sich Gedanken über die Widersprüchlichkeit und die Unsicherheit der Jugendjahre gemacht. Wenn er die Schauspielkunst in den 50er-Jahren revolutioniert hat, so deshalb, weil er fähig war, seine künstlerischen Kräfte umfassend zu konzentrieren und all seine Ängste und seine Zerrissenheit in seine Darstellung hineinzuprojizieren. Als Hemingway, der James Dean, seiner Person und dem Kult seines Gedenkens sehr fern steht, gefragt wird, was seiner Einschätzung nach die Gründe für diese eigenartige Faszination sind und was die Kraft dieses Schauspielers ausmacht, antwortet er: »Dieser Junge spielte im Zuschauerraum, er stieg hinab zu den Menschen im Saal und war unter ihnen.«

Bibliografie

ALEXANDER, Paul: *James Dean. Boulevard des rêves brisés (James Dean. Boulevard der zerbrochenen Träume).* Grasset, 1995.

BAST, William: *James Dean. A Biography*. Balantines Books, 1956.

BOURGET, Jean-Loup: *James Dean.* Henry Veyrier, 1983.

BULTEAU, Michel: *Mort d'un rebelle (Tod eines Rebellen).* Editions du Rocher, 1991.

CHÂTEAU, René: *James Dean Story.* Editions du R. Château, 1975.

DALTON, David: *James le rebelle (James Dean, der Rebell).* Le Sagittaire, 1975.

DEVILLIERS, Marceau: *James Dean.* Pygmalion, 1985.

DUTTON, Gerald: *James Dean.* Balland, 1981.

GILMORE, John: *The Real James Dean.* Pyramid Books, 1975.

HOWLETT, John: *James Dean.* Albin Michel, 1975.

HYAMS, Jay und Joe: *James Dean. Little Boy Lost.* Warner Books, 1992.

MARTINETTI, Ronald: *James Dean.* France-Empire, 1995.

SPOTO, Donald: *James Dean.* Presses de la Cité, 1996.

STOCK, Dennis: *James Dean Revisited.* Penguin Books, 1978.

Personenregister